KB077063

세상 모든
이기주의자에게
**우아하게
복수하는 법**

「いい人」をやめる 7 つの方法

© Toshio Ogata 2017

Originally published in Japan by Shufunotomo Co., Ltd

Translation rights arranged with Shufunotomo Co., Ltd.

Through Enters Korea Co., Ltd.

이기적인 사람들 속에서 나를 지키는 맺고 끊음의 심리학

THE
PSYCHOLOGY OF
KEEPING ME

SAFE IN SELFISH
PEOPLE

세상 모든
이기주의자에게
우아하게
복수하는 법

오가타 도시오 지음 | 황혜숙 옮김

센시오

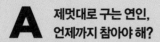

A 제멋대로 구는 연인,
언제까지 참아야 해?

B

**부장과 팀원 사이,
샌드위치 인생은
고달퍼!**

C 집안일에 무관심한 남편, 막상 없으니 이런 문제가?

부 부 의

D

과연 헤어질 수 있을까?

1

착한 사람을 이용하는 천적은 이기적인 사람이다

2

이기적인 사람에게 우아하게 복수하는 법

3

번번이 후회하는 일을 맺고 끊기 위한 심리학

누구에게도 미움받지 않으려
참기만 하는 당신에게

학교나 회사, 동호회 등 사람이 모이는 곳이라면 어디서든 쉽게 착한 사람을 만날 수 있다. 이들은 성실하고 협조적이어서 대개 우리 사회가 선호하는 타입이기도 하다. 착한 사람이라고 하면 정도의 차이는 있겠지만, 대체로 비슷한 이미지를 그릴 것이다. 아마도 이런 모습들을 떠올리지 않을까?

- 주변 사람들에게 언제나 깍듯하다
- 세상의 이목에 신경 쓴다
- 늘 웃는다
- 작은 부분까지 세심하게 배려한다
- 주변 사람들에게 폐가 될까 봐 항상 조심한다

- 상대방에게 양보하는 일이 많다
- 적을 만들지 않는다
- 집단의 규칙을 잘 지킨다
- 불평불만을 표현하지 않는다
- 부탁받으면 거절하는 일이 거의 없다
- 사소한 일도 꼼꼼히 챙긴다
- 하고 싶은 말이 있어도 참고 넘긴다

이처럼 착한 사람은 주변 사람들을 잘 배려하고 누구에게든 친절하기 때문에, 어디에서나 환영받는다. 하지만 정작 착한 사람 자신은 행복하지 않다. 분명 겉보기에는 사람들의 인정을 받으며 이상적인 삶을 사는 것처럼 보이지만, 그 속을 들여다보면 뜻밖에도 늘 힘들고 피곤해한다. 걸핏하면 직장이나 가정, 학교 등에서 복잡한 인간관계에 휘말려 이러지도 저러지도 못하기 일쑤다. 도대체 왜 이런 고달픈 상황이 벌어지는 것일까?

일본에서는 2002년에 출판된 소노 아야코의 ≪좋은 사람이길 포기하면 편안해지지≫가 70만 부를 돌파하면서, 착한 사람이라는 말이 주목을 받기 시작했다. 그 후로도 착한 사람에 관한 책이 봇물처럼 쏟아져 나와 줄줄이 베스트셀러가 되었다. 이는 그만큼 우리 사회에 착한 사람이 많으며, 그들 대부분이 스트레스 속에서 하루하루를 힘겹게 살아가고 있음을 보여주는 사례라 할 수 있다.

이런 책들이 주장하듯, 착한 사람을 그만두면 마음이 한결 편안해진다. 하지만 책에 쓰인 대로 착한 사람을 그만두려고 해도 말처럼 쉽지 않아서 문제다. 그래서 이 책은 '왜 착한 사람을 그만두지 못하는 것일까?'라는 질문에서 출발해 착한 사람이 휘말릴 수밖에 없는 여러 문제를 분석하고, 더 이상 일과 인간관계에서 흔들리지 않기 위한 효과적인 방법들을 소개하고자 한다.

우선 독자 여러분에게 내 소개부터 하겠다. 나는 원래 소니 반도체 레이저 연구개발팀에서 일하던 엔지니어였다. 그런데 거품 경제가 전성기를 맞이할 무렵, 앞으로는 정신 건강이 더 주목받는 시대가 올 것이라는 생각이 들었다. 그래서 직장 생활을 병행하며 대학원에 진학해 임상심리학을 공부했고, 심리 치료사와 산업 카운슬러(기업의 직업 환경에 따라 근로자의 정신적 문제를 파악해 전문적인 상담을 제공, 치료하는 사람-역주) 자격증을 취득했다. 그게 벌써 16년 전의 일이다. 그렇게 사내 카운슬러가 된 나는 인사부에 소속되어 휴직자나 직장에 잘 적응하지 못하는 사람을 대상으로 상담을 시작했다. 그 후 《만성우울증은 반드시 낫는다≫를 출판한 것을 계기로 6년 전에 독립했고, 현재는 도쿄 에비스에서 일반인을 위한 카운슬링을 하고 있다.

이 상담실에는 정말 다양한 사람들이 찾아온다. 사장님, 의사, 변호사, 연예인, 뮤지션, 모델 등 얼핏 화려해 보이는 직업을 가진 사람들부터 회사원, 자영업자, 주부, 학생 등 평범한 사람들에 이르기까지, 대도시답게 온갖 직업군이 등장한다. 심지어 생활 보호 대상자, 파산한 사람, 성범죄자까지 찾아올 정도다.

상담 내용 역시 우울증, 성격 장애, 알코올 중독, 쇼핑 중독과 같은 마음의 병부터, 업무 스트레스, 직장 내 인간관계, 힘 폭력(권력에 의한 부당한 대우-역주), 성희롱, 이직, 연애, 이혼, 불륜, 자녀 문제, 노부모 부양 문제까지, 헤아릴 수 없을 정도로 다양하다.

그런데 한 가지 재미있는 것은 이렇게 다양한 사람들이 저마다의 고민을 안고 상담을 하러 오지만, 그 안에서 착한 사람 유형을 따로 분류할 수 있다는 사실이다. 착한 사람은 컨디션이 좋지 않아도 결코 카운슬링에 빠지는 일이 없다. 어찌 보면 소중한 단골손님인 셈이다. 또 그들은 성실한 성격 뒤에 수많은 갈등을 껴안고, 삶을 너무나 힘들게 꾸려나간다는 공통점이 있었다. 그래서 나는 착하다는 것을 단순한 성격의 문제로 단정지을 것이 아니라, 어쩌면 마음의 병이 아닐까 하는 의문을 가졌다. 착한 사람에 대한 연구는 그렇게 시작되었다.

이런 연구 결과를 정리해서 착한 사람에 관한 책을 쓸 마음이 들었던 데는 두 가지 계기가 있었다. 하나는 정말 친한 내 친구가 오랫동안 착한 사람 증후군으로 고생했기 때문이고, 또 하나는 착한 사람이 불필요하게 복잡한 문제에 휘말려 옴짝달싹 못하게 된 사례를 보면서 깊은 안타까움을 느꼈기 때문이다.

착한 사람은 자신이 고생하는 것은 둘째 치더라도, 주변 사람에게 폐를 끼치는 것을 견디지 못한다. 착한 사람은 해야 할 말이 있어도 혼자 참고 넘어가는 게 더 낫다고 생각한다. 착한 사람은 상대방을 먼저 배려하는 게 너무 익숙해서, 정작 자기 자신을 챙기는 일에 서투르다. 바로 이런 점들 때문에 착한 사람은 몸과 마음을 지치게 만들고, 심한 경우 일상생활 자체가 버거운 상황에 이른다. 그저 둥글게 살려고 했을 뿐인데 사는 게 버거워 견딜 수 없다면, 이것이야말로 마음의 병이란 반증이 아닐까?

그래서 나는 착한 사람이 본래 자신의 인생을 찾아 진정으로 행복했으면 하는 바람과 이 세상이 착한 사람을 조금이라도 이해해주었으면 하는 마음을 담아 이 책을 집필했다. 독자들의 흥미를 끌기 위해 착한 사람의 특징을 조금 과장하거나 재미있게 적은 곳도 있지만, 악의는 없으니 이해하기 바란다.

이 책은 착한 사람에 대한 수수께끼를 푸는 과정이기도 하고, 착한 사람의 삶을 따라가는 여정이기도 하다. 나아가 착한 사람을 그만둘 수 있는 방법을 소개하는 가이드이기도 하다.

자, 이제 착한 사람에 대한 이야기들을 함께하면서 그 속에 숨겨진 속마음을 살펴보도록 하자.

착한 사람이라고 하면, 대개 성실하고 타인을 배려하며 둥글둥글한 사람을 떠올리게 된다. 이들의 공통점은 사람들의 인정을 받으며 아무 문제 없이 잘 사는 것처럼 보이지만, 실상은 크고 작은 인간관계 문제에 휘말려 몸과 마음이 피곤하다는 것이다.

하고 싶은 말이 있어도 제대로 하지 못해 속이 답답하고, 자신의 선의가 이용당하는 기분을 지울 수가 없다. 여기저기서 자기 얘기를 들어달라고 하는 바람에 시간을 뺏기기 십상이고, 결정을 내려야 할 때마다 스트레스를 받기도 한다. 그저 좋게좋게 지내려 했을 뿐인데, 도대체 왜 이런 상황이 벌어지는 것일까?

1부에서는 착한 사람들의 특징을 분석하고 이들을 괴롭히는 여러 문제들을 살펴보고자 한다. 이를 통해 지금껏 숨겨져 왔던 착한 사람의 본질적인 심리를 알 수 있게 될 것이다.

1

착한 사람을 이용하는 천적은 이기적인 사람이다

01

이리저리 휘둘리는 네 명의 착한 사람 이야기

이 장에서는 네 명의 전형적인 착한 사람 이야기를 들려주고자 한다. 안타깝게도 네 사람 다 심각한 문제에 휘말려 이러지도 저러지도 못하고 있다. 어쩌면 여러분의 이야기일지도 모르는 이들의 사례를 만나보자.

직장에서도 연인에게도 이용만 당하는 착한 사람 A씨

A씨는 조용하고 심성이 착한 여성으로, 언제나 성실해서 친구들의 신뢰를 받았다. 예를 들면 대학 때는 강의에 빠지는 일이 전혀 없었고, 친구들의 부탁이 있을 때마다 노트를 빌려주곤 했다. 다만 한 가지 문제가 있다면, 만사에 자신이 없다는 점이었다. 대개 뒤편에 머물러있었고, 친구들 사이에서도 나서는 일이 거의 없었다.

대학을 졸업하고는 식품 제조 회사에 취업했다. 본인은 눈에 띄지 않는 사무직을 원했지만, 준수한 외모 때문인지 어느새 영업 사원이 되어있었다. 하지만 A씨에게 영업직은 고된 일이었다. 원래부터 낯을 가렸기 때문에, 고객 앞에만 서면 긴장을 했다. 고객에게 프레젠테이션을 할 때는 더욱 심각해졌다. 몇 번이나 미리 연습을 해도 막상 그 날이 되면 긴장을 해서 마음처럼 잘 되지 않았다. 그래도 성실한 태도 덕택에 호감을 얻는 일이 많았고, 고객의 무리한 요구도 잘 들어준다는 평을 들었다.

그러던 어느 날 상사와 지방 출장을 가게 됐다. 업무를 마치고 밤에 식사를 겸해 술을 마시는데, 갑자기 상사가 고백을 해오는 것이 아닌가? 상사는 유부남이었지만 집요하게 매달렸고, 마음 약한 그녀는 거절할 타이밍을 놓치고 말았다. 처음에는 일을 일찍 마치고 근처 역에서 만나 함께 식사를 하곤 하다가, 자연스럽게 상사가 A씨의 아파트에 드나들기 시작했다. 소심한 A씨는 회사 사람들에게 들키지나 않을까 전전긍긍했지만, 이 관계는 상사가 다른 부서로 이동하기까지 3년이나 끈질기게 이어졌다.

그 후, 친구 소개로 연하인 마코토 씨와 알게 되었다. 데이트 중에 만취한 마코토 씨를 재워준 것을 계기로, 둘은 그녀의 아파트에서 동거를 시작했다. 그러나 같이 살아보니 마코토 씨는 정서적으로 많이 불안정한 사람이었다. 게다가 마코토 씨는 일을 하지 않을 때도 많아서 A씨에게 거의 얹혀살다시피 했다. 결국 A씨는 경제적, 정신적으로 마코토 씨를 보살펴주는 입장이 되었다.

하지만 이런 헌신적인 노력이 덧없게도, 어느 순간 마코토 씨는 다른 여자와 눈이 맞아 거의 집에 들어오지 않았다. A씨 아파트에는 여전히 마코토 씨의 물건이 남아있었고, 그는 이

따금씩 들어와서는 돈을 달라고 졸랐다. A씨는 관계를 깨끗이 정리하고 싶었지만, 좀처럼 나서서 정리를 할 수가 없었다. '왜 나는 이렇게 남자 복이 지지리도 없는 것일까' 하는 회의감만 들었다. 학창 시절 친구들은 A씨가 가장 먼저 결혼할 것 같다고 했지만, 어느새 친구들은 하나둘 결혼하고 A씨만 남아 30대 중반이 되었다.

그 무렵, 회사에서도 연이어 문제가 터졌다. 부서의 실적이 나빠지게 되면서, 인건비를 줄이기 위해 직원 한 명이 다른 부서로 이동하게 된 것이다. 자연스럽게 A씨가 그 사람의 일 대부분을 떠맡았고 귀가 시간도 그만큼 늦어졌다. 하지만 과장이 아무리 몰아붙여도 부서의 실적은 쉽사리 오르지 않았고 인간관계까지 살벌해졌다. 그러다 그 분위기를 더 이상 버티지 못하고 한 사람이 휴직계를 냈다. '스트레스로 인한 적응 장애'라는 진단을 받았다고 했다. 그런데 황당하게도 그 휴직한 사람의 업무마저 그녀에게 돌아왔다. A씨는 "지금 하는 일도 다 끝내지 못하고 있어요."라고 거절하려고 했지만, "자넨 베테랑이잖아. 복직할 때까지만 부탁할게. 어떻게 좀 안 되겠나?"라는 말에 울며 겨자 먹기로 떠안고 말았다.

그 후로는 아무리 열심히 해도 일이 끝날 기미가 보이지 않았다. 처음에는 한 달 예정이었던 동료의 휴직 기간은 두 달, 석 달로 점점 연기되었다. 그럴 때마다 동료가 복직할 때까지 몸이 버틸 수 있을지 불안해졌다. 전쟁터에 끌려나가는 듯한 심정으로 출근을 하고, 업무가 시작되면 닥치는 대로 처리하기 급급하다. 적당히 시간을 때우다가 집에 가는 동료들을 보면, '왜 나만?'이라고 소리치고 싶어진다.

부장님과 부하 사이에 껴버린 착한 사람 B씨

B씨는 지방의 한 국립 대학에서 프로그래밍을 전공하고, 도쿄의 전자 제품 전문 대기업에 취업했다. 담당하던 소프트웨어 개발 일은 즐거웠다. 한 가지 일에 몰두하는 성격인 B씨는 밤낮으로 프로그램을 제작하는 데 여념이 없었다.

동료들에게 이끌려 단체로 데이트를 하기도 했지만, 딱히 교제하는 사람은 없었다. 자신은 말재주가 없어서 여자를 지루하게 만들므로 누군가를 사귈 자격이 없다고 생각했기 때문이다.

그래도 B씨는 성실한 근무 태도로 직장에서 좋은 평가를 받았다. B씨의 프로그램은 오류가 적은 것으로 사내에서 유명했고 고객들로부터도 신뢰를 받았다. 그런 칭찬을 들으면 B씨 역시 기쁘긴 했지만, 한편으론 과연 진심으로 하는 말일까 하는 의심이 들곤 했다.

어느덧 30대 후반에 접어들어 매니저 시험을 칠 나이가 되었다. B씨는 남들 위에 서기보다는 프로그램 개발이 자신에게 더 맞는 것 같았지만, 부장이 적극 추천하는 바람에 끌려가듯 매니저 시험을 쳤다. 어쨌거나 첫 시험에서 무사히 합격할 수 있었고, 이듬해에 과장으로 승진했다. 그런데 막상 과장이 되어 매니저 역할을 하려고 보니, 담당한 네 명의 팀원 중 두 명이 일을 너무 못하는 것이 아닌가? 처음에는 열심히 가르쳐보려고 했지만, 아무리 시간이 지나도 실수가 줄지 않았다. 고객들에게 폐를 끼쳐서는 안 된다는 생각에, 그는 두 사람의 일까지 자신이 도맡았다. 임원 회의에 참석하거나 자료를 작성하는 업무가 끝나고 나면, 팀원들의 일을 대신 해야 했기 때문에 심야가 되어서나 귀가할 수 있었다.

한 달, 두 달 시간이 흘렀다. 그간 건강만큼은 자신 있었던 B 씨였지만, 더 이상 젊었을 때처럼 무리할 수가 없었다. 이대로 가면 몸이 견뎌나질 못할 것 같아 부장에게 인원을 증원시켜 달라고 요청했다. 그러자 부장은 "팀원이 네 명이나 있으면서 무슨 말이야? 그들을 잘 다루는 것이 자네의 일 아닌가?"라며 크게 화를 냈다.

부장은 계속해서 힘든 일을 시켰다. B씨는 일을 끝내기 위해 주말에도 출근을 해야 했다. 지병인 두통이 더 심해졌고, 식욕도 없어서 하루에 한 끼밖에 못 먹는 날도 있었다. 밤늦게 귀가해 잠자리에 들어도 업무 걱정 때문에 좀처럼 잠들지 못했고, 한밤중에 식은땀을 흘리다가 잠에서 깨는 일도 있었다. 나중에는 너무 피곤해서 아침에 일어나지 못할 지경에 이르렀다. 무거운 몸과 마음을 이끌고 점심시간 전에 간신히 출근하는 일이 점점 빈번해졌다.

그러다 한번은 점심때까지도 일어나지 못했다. 회사에 결근하겠다는 전화를 하고 침대에 다시 누웠지만, 여전히 머릿속은 걱정뿐이었다. 부장이나 팀원들이 어떻게 생각할지, 앞으로 계속 이렇게 살아야 할지 마음이 무거웠다. '나 같은 사람은 애초부터 과장이 될 자격이 없었던 거야'라는 생각만 자꾸 머릿속을 맴돌았다.

배우자에게 지나치게 의존하는 착한 사람 C씨

C씨는 대학 때부터 도쿄에서 혼자 자취를 했다. 집 근처에 있는 전문 대학에 들어가라는 부모의 반대를 무릅쓰고 상경했기 때문에, 부모에게 부담을 주지 않으려고 온갖 아르바이트를 병행했다. 과외며 레스토랑, 편의점, 술집 아르바이트 등 안 해본 게 없을 정도다. 호주에 단기 유학도 다녀왔다. 그렇게 바쁜 대학 생활이었지만 좋아하는 영문학 수업을 듣는 일은 즐겁기 그지없었다.

졸업 후에는 영어를 계속 활용하고 싶어서 무역 상사에 취업했고, 거기에서 직장 선배인 다쿠야 씨를 만났다. 다쿠야 씨는 C씨와는 다르게 터프하고 씩씩한 성격이었다. 적극적으로 업무를 처리하는 다쿠야 씨에게 마음을 빼앗긴 그녀는 그와 만나기 시작했다. 데이트를 할 때는 다쿠야 씨가 내성적인 C 씨를 리드하는 식이었다.

그런데 약혼하고 막상 같이 살아보니, 다쿠야 씨의 자기중심적이고 강압적인 성격이 눈에 들어오기 시작했다. 정말 다쿠야 씨와 결혼해도 괜찮을지 불안한 마음도 없지 않았지만, 이미 결혼식 날짜도 잡힌 터라 떠밀리듯이 만난 지 일 년 만에 결혼에 이르렀다.

신혼 생활을 즐길 틈도 없이 바로 아들을 임신했다. 꼼꼼하고 뭐든지 완벽하게 하지 않으면 성에 차지 않는 C씨는, 자신의 일이 좋았지만 일과 집안일을 병행하기 어렵다고 판단하고 퇴직 후 전업주부가 되었다. 그럼에도 불구하고 육아는 만만치 않았다. 집안일과 육아를 모두 완벽하게 해낸다는 것은 쉽지 않은 일이었다. 게다가 육아는 잠시도 쉴 틈이 없었다. 한밤중에 아기가 울어서 몇 번이나 잠을 깨곤 했다.

그래도 자식에게 지나치게 엄격했던 친정어머니에게 의지하고 싶지는 않았다. 그렇다고 멀리 사는 시어머니의 도움을 받을 수도 없었다. 육아를 어떻게 해야 할지에 대해서는 고민이 많았지만, 방법을 몰라 불안했다. 답답한 마음에 육아지침서를 읽어봐도, 오히려 더 큰 미궁에 빠지는 기분이었다.

그렇다고 남편에게 의지할 수도 없었다. 다쿠야 씨는 술을 워낙 좋아해서 고객뿐만 아니라, 회사 동료나 친구들과도 자주 마셨다. 결혼해서 아버지가 되었다는 의식이 없는 것 같았다. 평일에는 매일 심야에 귀가했고 주말에도 골프다 뭐다 집에 있는 날이 거의 없었다. 하지만 그럼에도 C씨는 불평을 전혀 하지 않았고, 다쿠야 씨는 육아와 집안일을 완벽하게 하는 것이 얼마나 힘든 일인지 알지 못했다. 그 후, 둘째 아들과 막내딸을 잇달아 출산했다. 아이들이 늘 때마다 C씨의 부담도 늘어만 갔지만, 이상적인 육아를 목표로 계속 노력했다.

그러던 중 다쿠야 씨가 멕시코로 부임하게 되었다. C씨는 아직 어린 아이들을 해외에서 기를 자신이 없어서 일본에 남기로 했다. 하지만 다쿠야 씨가 멕시코로 떠난 후부터 C씨는 잠을 잘 이루지 못했다. 한밤중에 몇 번이나 눈을 떴고 말할 수 없는 불안감에 휩싸였다. 성실한 C씨는 혼자서 가족을 돌봐야 한다는 책임감에 억눌려 점점 우울해졌다. 다쿠야 씨는 평소 집안일을 거의 도와주지 않았지만, 적어도 무슨 일이 있을 때 그녀 대신 결정을 해주곤 했다. 하지만 그런 남편이 바로 옆에 없으니, C씨는 모든 결정을 혼자서 내려야 했고 의지할 만한 곳이 전혀 없다는 두려움이 점차 심해졌다.

식욕을 잃고 점심은 거의 거르다시피 했다. 소파에 누워 텔레비전 예능 프로그램을 봐도 전혀 재미있다는 생각이 들지 않았다. 그러던 어느 날 아침에 화장을 하다가 거울에 비친 자신의 모습을 보니 야위고 표정이 없었다. 마음이 무겁고 '언제까지 이런 생활이 계속될까'라는 생각이 들었다. 저녁에 식사 준비를 하다 보면 눈물이 멈추질 않았다. 지금은 남편이 부임 기간을 마치고 귀국할 때까지 과연 버틸 수 있을지 불안하기만 하다.

여자친구와 헤어지지 못하는 착한 사람 D씨

D씨는 제약 회사에 다니는 성실한 영업직 사원이다. 직장 동료들을 잘 배려할 뿐 아니라 고객들에게도 좋은 평가를 받아, 과장의 신뢰를 한몸에 받고 있다. 그러다 보니 이른 나이에도 조금씩 책임 있는 일을 맡게 되었다.

그런 D씨가 단체 맞선 자리에서 다미 씨를 만났다. 다미 씨는 화장품 회사에 근무하는 스물네 살 여성으로, 대학 시절 학교의 미인 선발 대회에서 우승한 경력이 있을 정도로 뛰어난 미모의 소유자였다. D씨의 친구들은 모두 부러워했다. D씨는 데이트가 있는 날이면 데이트 코스나 저녁 식사를 할 식당 등 모든 것을 다미 씨가 선택하게 했다. 가끔씩 자기중심적이라는 생각도 들었지만, 예쁜 여자친구와 사귀려면 어쩔 수 없다고 스스로를 납득시켰다.

회사의 독신자 기숙사에 살던 D씨는 점점 다미 씨의 아파트에서 머무는 날이 많아졌다. 그러다 사귄 지 반 년 만에 동거를 시작했는데, 함께 살기 시작하자 다미 씨의 의외의 모습이 보이기 시작했다.

다미 씨는 감정 기복이 매우 심했고 일단 화를 내면 멈출 줄을 몰랐다. 한번은 자신이 정성 들여 차린 저녁 밥상을 뒤엎어 버리기도 했다. D씨는 그 사태를 수습하려고 허겁지겁 걸레질을 해야 했다. D씨는 도대체 다미 씨가 왜 그렇게 분노하는지 좀처럼 이해할 수가 없었다. 다미 씨가 D씨의 사소한 말 한마디에 갑자기 화를 냈기 때문이다. 이쯤 되니 참을성이 많은 D씨도 다미 씨와 함께 사는 것에 점점 지쳐갔다.

그러던 어느 날 회식 자리에서 직장 후배인 도모코 씨에게 술기운을 빌려 다미 씨에 대한 불만을 털어놓았다. 마음 한켠에 D씨에 대한 호감을 갖고 있던 도모코 씨는 기꺼이 의논 상대가 되어주었다. 그런데 하필 도모코 씨와 메시지를 주고받은 것을 다미 씨에게 들키고 말았고, 그때부터는 그야말로 생지옥이 펼쳐졌다. 물건이 날아오고, 책장이 넘어졌다. 심지어 실랑이를 하다가 손가락이 부러진 후부터는 일신상의 위험까지 느끼게 되었다.

결국 D씨는 다미 씨와 헤어질 것을 결심했다. D씨의 마음은 이미 도모코 씨에게 넘어갔다. 하지만 헤어지자는 말을 꺼낼 때마다 다미 씨는 화가 나서 난동을 피웠다. 부엌칼을 들고 자살하겠다고 손목을 긋기도 했고, 심지어는 D씨에게 칼을 들이대기도 했다. D씨는 다미 씨의 표정을 보면서 살해의 위협마저 느꼈다. 그때마다 다미 씨에게 사과하면서 어떻게든 그 자리를 모면했지만, 이런 상황이 계속되니 답답할 뿐이다.

이제 D씨는 자유를 완전히 빼앗겼고, 다미 씨의 노예나 다름없는 것처럼 느껴졌다. '도대체 내 인생은 어떻게 되는 것일까? 그저 성실히 살아왔을 뿐인데 도대체 뭐가 잘못된 것일까?'라는 생각에 괴로울 뿐이다.

지금까지 내가 상담해온 사람들 이야기이다. 실제 인물이 드러나지 않도록 약간 각색을 하긴 했지만, 모두 다 현실에서 진짜로 벌어진 일들이다.

네 명 모두 분명 착한 사람들이다. 그런데 어쩌다 보니 열심히 성실하게 살아온 착한 사람들이 마치 거미줄에 걸린 벌레처럼 옴짝달싹 못하게 되었다. 지금까지는 노력해서 어떻게든 문제를 해결해왔지만, 더 이상은 아무리 노력해도 상황을 바꾸기가 힘들다. 도대체 왜 이들이 이런 상황에 놓이게 된 걸까?

02

왜
착한 사람을
그만두지
못할까?

우리가 주변에서 보며 느끼
는 것처럼, 얼핏 착한 사람은
성실하고 배려를 잘해서 법
없이도 살 사람처럼 보인다.
하지만 이게 과연 진실일까?
착한 사람의 실상은 어떠한
지 살펴보도록 하자.

직장 동료, 배우자, 연인, 친구에게 착한 사람이란

착한 사람이란 어떤 사람을 말할까? 우리가 흔히 볼 수 있는 착한 사람의 전형적인 특징들을 직장, 가정, 연인, 친구 관계 순으로 생각해보자.

직장에서의 착한 사람이란

우선 직장에서는 어떨까? 직장에서 착한 사람의 특징을 정리하면 다음과 같을 것이다.

· 직장 동료로부터 신뢰받고 있다

· 어떤 일이든 완벽을 목표로 한다

· 업무에 있어서 별로 도전하려고 하지 않는다

· 상사로부터 힘든 일을 부탁받아도 싫은 내색을 하지 않고 수

락한다

- 담당자가 누구인지 불분명한 일도 도맡아서 한다
- 늘 과다한 업무에 허덕인다
- 혼자 할 수 있는 일이나 똑같이 반복되는 일을 잘한다
- 경력을 바꾸려고 시도하지 않고 늘 같은 일을 하려고 한다
- 업무 중에는 쉬지 않는다
- 밤늦게까지 남아서 일하고 주말 출근도 마다하지 않는다
- 동료들과 술 마시러 가도 남의 불평을 들어줄 뿐, 상사나 직장 동료의 험담을 잘 하지 않는다
- 큰 출세보다는 평범한 회사원의 삶을 바란다
- 전직을 바라지 않고 언제까지나 현재의 회사에 남아있으려고 한다

한마디로 표현하면 충실한 부하나 신뢰받는 동료의 이미지다. 어떤 조직이든 한 사람쯤 꼭 필요한 존재가 아닐 수 없다.

가정에서의 착한 사람이란

착한 사람이 결혼하면 어떻게 될까? 가정에서의 착한 사람의 특징을 정리해보자. 우선 여성의 경우, 다음과 같은 특징을 보인다.

· 자신보다 늘 남편과 아이들을 우선으로 생각한다

· 남편과 의견이 맞지 않을 때는 양보하거나 참는다

· 아이들에게 관대한 편이고 화를 잘 못 낸다

· 학부모회 임원직을 거절하지 못한다

· 집안일을 완벽하게 하려고 한다

· 밥상을 차릴 때 반찬 가지 수가 적으면 미안해한다

· 항상 방이 잘 정리정돈 되어있다

· 옷이나 화장품 등 자신을 위해 되도록 돈을 쓰지 않는다

· 가계부를 꼼꼼히 적는다

· 외출 시에는 문단속에 시간이 걸린다

· 시부모님과의 관계에 신경을 쓰고 우선시한다

· 관혼상제를 잘 챙기고 추석이나 설 선물도 신경 쓴다

· 이웃들과의 교제나 소문에 민감하다

한마디로 얘기하면, 현모양처의 이미지다. 자신의 모든 것을 남편과 아이에게 바치고, 가부장적인 가정에서의 아내 역할을 철저히 한다.

그렇다면 남성의 경우는 어떨까? 남녀의 역할에 대한 사회적 가치가 급변한 만큼, 이상적인 남편과 아빠의 모습은 세대에 따라 완전히 다르게 나타난다.

40~50대 중년 남성은 기업의 전사로 살아온 세대다. '24시간

회사를 위해 싸울 수 있습니까?'라는 질문에 '네, 싸울 수 있습니다!'라고 자신 있게 대답할 수 있는 세대다. 그러니 중년이 되어서도 여전히 열심히 일하느라 귀가가 늦고, 집안일에도 별로 적극적이지 않은 착한 사람이 많다. 회사가 큰 가족이라고 생각하고 몸도 마음도 회사에 바치는 것이다.

이에 반해 20~30대 남성들에게 착한 사람은 조금 다르다. 맞벌이가 당연한 시대에 자랐기 때문에 집안일이나 육아에도 적극적으로 참여한다. 이른바 육아맨 세대다. 육아맨 남성은 다음과 같은 특징을 가지고 있다.

- 책을 읽고 육아를 공부한다
- 아내가 아플 때는 유급 휴가를 받아 집안일 틈틈이 회사 일을 한다
- 늘 아내의 안색을 살피고 아내가 아이들에게 화를 내면 신경 쓴다
- 맞벌이가 아닌 경우에도 집안일을 적극적으로 도와 아내가 쉴 수 있게 한다
- 아내나 아이들의 생일, 결혼기념일을 잊지 않고 선물이나 외식을 챙긴다
- 주말에는 되도록 친구들을 만나지 않고 가족과 보낸다

한마디로 성실한 남편이자 아빠이다. 이른바 일과 가정의 균형적인 삶을 몸소 실천하는 것 같다.

연애를 할 때 착한 사람이란

그렇다면 연인에게는 어떨까? 연인에게 착한 사람의 특징을 정리해보자.

- · 언제나 약속 시간보다 일찍 도착해서 기다린다
- · 데이트 장소나 여행갈 곳을 상대방이 결정하도록 한다
- · 상대방이 먼저 제안해주길 기다린다
- · 생일이나 기념일 선물, 저녁 식사에 신경을 많이 쓴다
- · 메시지를 자주 보내고 답신이 없으면 신경 쓴다

연인에게도 착한 사람은 흠잡을 곳이 없어 보인다. 이 정도면 충분히 연인을 잘 배려하고 헌신하는 타입이라고 느껴질 만하다.

친구에게 착한 사람이란

착한 사람은 학교나 동아리, 친목 동호회 등 여러 사람이 모인 자리에서 특히 빛을 발한다. 친구에게 착한 사람의 특징은 대개 다음과 같다.

· 연락책이나 중간에서 조정하는 역할을 한다

· 뒤풀이나 여행을 갈 때 궂은일을 도맡는다

· 의견이 맞지 않을 때는 친구에게 양보한다

· 주변에 고민 상담을 해달라는 사람이 많다

· 다른 사람의 불평을 친절히 잘 들어준다

· 친구에게 화내거나 비난하는 일이 거의 없다

· 돈을 빌려달라는 부탁을 거절하지 못한다

이런 착한 사람이 친구라면 정말 편할 것 같지 않은가? 친구들 사이에서 윤활유 역할을 하거나 곤란할 때 문제 처리 역할을 도맡아 해주니 말이다.

착한 사람의 숨겨진 심리

이렇게 장점이 많은 착한 사람이지만 자세히 관찰해보면, 이상한 점을 찾을 수 있다. 친구나 직장 동료들 앞에서는 밝은 표정을 짓고 있지만, 혼자가 되면 이내 안색이 어두워진다. 상사에게 일을 부탁받으면 거절은 하지 않지만, 돌아선 순간 얼굴에 그늘이 진다. 상대방에 대한 태도나 이메일이 너무 정중해서 '뭐 이렇게까지 할 필요 있나?'라는 생각이 들 때도 있다.

집을 살펴보면, 손님이 오는 것도 아닌데 늘 방이 말끔히 정리정돈 되어있다. 심할 경우, 사람이 살지 않는 집처럼 느껴지기도 한다. 회사 일이든 집안일이든 필요 이상으로 꼼꼼하다. 오히려 '이렇게까지 완벽하게 하지 않아도 되는데…'라는 걱정이 든다.

뿐만 아니라 팀원이나 배우자가 잘못을 해도 자신의 탓으로 돌려서 갈등의 상황을 넘기려는 경우가 많다. 때로는 의견이 서로 다른 사람들 중간에 끼어서 옴짝달싹 못하곤 한다. 그러 다 보니 회의에서 발언을 해야 할 때도 자신의 의견을 잘 말하 지 못한다. 누가 들어도 무난한 말만 하거나, 그냥 상사의 의견 을 지지한다.

무엇보다 늘 지쳐있다. 어깨결림이나 두통 때문에 힘들어하 는 착한 사람도 많다. 같이 식사를 가면 식욕이 없고, 업무 중 에도 졸리고 피곤해 보인다. 늘 온화한 편이지만 저녁에는 피 곤한 얼굴로 안절부절 못하기도 한다. 그러다가 어떤 착한 사 람은 인내에 한계가 와서 가끔씩 폭발하기도 한다.

착한 사람은 언제든지 다른 사람들의 불만을 들어주지만, 가끔은 상대방의 심정을 진심으로 이해하고 있는지 의문이 들 때가 있다. 표면적인 교제만 한다고 느껴지는 경우도 빈번하 다. 이는 착한 사람에게서 본심을 듣거나 감정을 드러내는 것 을 보기가 어렵기 때문이다.

게다가 착한 사람을 자세히 관찰해보면, 자신에게 별로 중 요하지 않은 사람에게는 그다지 배려를 하지 않는 유형도 존 재한다. 어떻게 보면 조금 이해타산적이다. 또한 착한 사람 중 에는 자원봉사 활동에 열을 올리거나 카운슬링, 요양 보호사 같은 헌신적인 업무에 종사하는 사람이 많은데, 계속 같이 활 동하다 보면 사실은 어려움에 처한 사람을 위해서가 아니라,

자신이 착한 사람이라는 만족감을 얻으려는 것 같다고 느껴지는 경우도 있다.

늘 온화하고 배려를 잘하는 게 착한 사람의 이미지이지만, 실상 이들에게도 이처럼 겉으로 드러나지 않는 또 다른 모습이 있다. 그러니 의문이 생길 수밖에 없다. 자의든 타의든 계속해서 착한 사람으로 살기를 선택한 그들. 착한 사람은 도대체 어떤 사람이며 무슨 생각을 하며 살아가는 걸까? 무엇을 위해 자신을 억누르고 이토록 참기만 하면서 살고 있을까? 다른 사람만 계속 배려하다 보면, 스트레스를 받지 않을까? 그리고 무엇보다, 정말 그렇게 살아도 괜찮은 걸까?

● chapter 02　　모두에게 인정받는 사람이 되고 싶어

주변에 열 명의 사람이 있다고 치자. 보통은 그중에 두세 명은 나를 좋아하고, 대여섯 명은 나에 대해 별로 관심이 없고, 나머지 두세 명은 나를 싫어하게 되어있다. 결국 모든 사람에게 착한 사람이 되기란 불가능하다. 모든 사람에게 착한 사람이 되기 위해서는 내게 별로 관심 없는 대여섯 명의 사람과 나를 싫어하는 두세 명의 사람들 마음에도 들어야 하니 말이다. 하지만 착한 사람은 이 무모한 도전을 멈추지 못한다.

그러다 보니 상황은 이런 식으로 흘러간다. 내 생각이나 요구를 주장하면 상대방이 싫어한다. 따라서 나를 싫어하는 사람의 마음에 들고 싶다면 상대방의 생각이나 요구에 무조건 맞춰야 한다. 그러면 상대방은 자신이 원하는 대로 됐다는 것에 만족하고, 그에게 나는 자연스레 착한 사람으로 기억된다.

마찬가지로 나에게 별다른 관심 없는 대여섯 명에게 호감을 얻어내려면, 내가 아닌 상대방의 생각과 요구에 무조건 따라야 한다.

이렇게 하면 모두에게 착한 사람이 될 수 있다. 하지만 이로 인해 착한 사람은 다음과 같은 특징을 보일 수밖에 없다.

특징 ① 늘 피곤하다

어느 직장이든 늘 활기가 넘치는 사람이 있다. 이런 사람은 밤 늦게까지 야근하고도 부하 직원들과 함께 술을 마시러 가서는 전철이 끊긴 시간이 되어서야 택시로 귀가한다. 몇 시간밖에 못 자도 끄떡없이 아침 일찍부터 출근해서 부하 직원에게 호통을 친다. 대체 어디에서 그런 기운이 솟아나는지 신기하다. 이런 사람을 잘 관찰해보면 대체로 자기중심적이며, 자신의 의견을 강하게 주장하는 타입이 많다. 하고 싶은 대로 하고 사니까 스트레스가 쌓일 틈이 없다. 부럽기 짝이 없다. 그런데 안타깝게도 이런 사람들이 바로 착한 사람의 천적인 '이기적인 사람'이다.

이에 반해 착한 사람은 늘 지쳐있다. 웃는 얼굴에도 기운이 없고 언제나 피곤해한다. 상대방의 마음에 들려고 자신의 의견이나 감정을 무조건 틀어막고, 무엇이든 상대방에게 양보하면서 살다 보니 스트레스가 많이 쌓인 까닭이다.

무엇보다 모든 일이 자기 마음 먹은 대로 되지 않는다. 뿐만 아니라 늘 상대방이 무슨 생각을 하고 있는지 살피고, 신경을 써서 기분이 상하지 않도록 긴장하고 있으니, 어찌 보면 피곤한 게 당연한 일이다.

특징 ② 건강에 문제가 많다

착한 사람은 실제로 컨디션이 좋지 않은 날이 많다. 다른 사람의 기분이 상할까 봐 많은 것을 신경 쓰면서 살다 보면, 당연히 심신이 긴장하게 된다. 그러면 자율 신경의 균형이 깨지고 교감 신경이 우위에 놓인다. 그래서 대체로 착한 사람은 자율 신경 기능 이상 증상에 시달린다.

이불 속에서도 좀처럼 잠을 이루지 못하다가 간신히 잠이 들기 일쑤이고, 수면이 얕아서 한밤중에 몇 번이나 잠을 깬다. 충분한 수면을 취하지 못하니 회의할 때 자신도 모르게 졸기도 한다. 그런 날에 컴퓨터 화면을 보고 있으면 멍해지기 십상이다.

늘 위가 무겁고 식욕도 없으며 변비와 설사를 반복한다. 몸이 긴장하고 있어서 어깨가 결리고 그것이 심해지면 두통이 온다. 손발이 차며, 갑자기 땀이 나기도 하고, 귀에서 소리가 들리거나 현기증이 난다.

그래서 인터넷이나 책을 찾아보고, 용하다는 의사를 찾기도 한다. 그러나 자율 신경 기능에 문제가 있는 것뿐이므로, 아무리 검사를 해도 특별한 병이 발견되지 않는다. 그때부터 불안해서 다른 의사에게 진료를 받으며, 이 병원 저 병원을 전전하기 시작한다. 약을 먹어도 별 차도가 없으면 서양 의학을 포기하고 침이나 한약 등 한의학에 매달린다. 때로는 마사지나 명상, 요가 등으로 지친 마음을 달래려고 한다.

특징 ③ 남에게 미움받는 것을 두려워한다

가끔 나는 착한 사람을 상담할 때, "왜 착한 사람이 되려고 하시죠?"라고 심술궂은 질문을 할 때가 있다. 그러면 그들은 잠시 생각에 잠겼다가, "남들에게 미움받는 것이 두려워서요."라며 대부분 비슷한 대답을 한다. 실제로 착한 사람은 무의식적으로 사람들에게 미움받는 것을 두려워한다. 그래서 자신의 성격과 상관없이, 착한 사람인 척 하는 경우도 많다. 착한 사람이 사람들로부터 미움받는 것을 두려워하는 이유에 대해서는 나중에 다시 설명하도록 하겠다.

특징 ④ 언제나 노력하고 참는다

착한 사람은 남들에게 미움받는 것을 두려워할 뿐 아니라, 어떻게든 주변 사람들 마음에 들려고 노력한다. 그 예로 이들은 학교 다닐 때 모범생이나 우등생이라 불렸고, 사회에 나가서는 충실한 부하나 신뢰받는 동료가 되었으며, 결혼한 후에는 이상적인 배우자가 되려고 한다. 공부와 일, 집안일을 완벽하게 구사함으로써 상대에게 인정을 받으려는 것이다.

그렇기 때문에 부단히 노력한다. 무슨 일이든 자신만 참으면 어떻게든 해결된다고 이를 악문다. 직장이나 가정에서 이런저런 문제가 발생해도 남에게 도움을 요청하지 않고 혼자서 해결하려고 전전긍긍한다. 고전분투하여 무사히 해결한 뒤 주변 사람들로부터 '고맙다'고 감사를 받으면 역시 참고 견디길 잘했다며 기뻐한다.

이들에게는 인간관계의 갈등 역시 마찬가지이다. 상대에게 양보하고 자신만 참으면 된다고 생각한다. 직장에서도 가정에서도 친구 관계에 있어서도, 뭐든지 양보하고 참을 인(忍)자 셋을 새긴다. 하지만 사실은 겁이 많아서 거절할 용기가 없을 뿐이다. 자신이 노력하고 참음으로써 모든 문제를 해결하려고 하는 것이다.

이런 인정 욕구가 심해지면, 성격이나 언행에 있어 성인군자처럼 되려고 하는 경우도 발생한다. 주변 사람들에게 인격자로 칭송받고 싶기 때문이다. 영어에 '걸어 다니는 사전(walking dictionary)'이라는 표현이 있는데, 이런 사람은 '걸어 다니는 도덕 교과서'가 된다. 그러니 남들 앞에서 화를 내거나, 울거나, 안절부절 못하거나, 큰소리를 내지 못한다. 늘 평온한 척해야 하기 때문이다. 불만을 털어놓아서도 안 된다. 남들과 함께 있을 때는 늘 접대용 미소를 짓는다.

이와 같은 '노력한다', '참는다', '인정받고자 한다'는 착한 사람 처세술 3종 세트 때문에, 착한 사람의 심신은 곪아가기 시작한다.

특징 ⑤ 자기 인생인데도 늘 조연이다

앞에서도 설명했지만 착한 사람은 자신의 생각이나 욕구를 억누르고 상대에게 맞춰줌으로써 모든 사람에게 착한 사람이 되려고 한다. 그러나 잘 생각해보기 바란다. 이는 자신의 생각이 아니라, 늘 다른 사람의 생각에 맞춰서 살아간다는 얘기다.

데이트할 때는 어느 식당에서 식사할지 상대에게 선택권을 양보한다. 자기가 먹고 싶은 음식이 있어도 상대방에게 맞춰준다. 친구와 여행갈 때도 마찬가지다. 어디에 갈지, 어느 호텔에 묵을지, 어떤 곳을 관광할지, 모두 친구에게 정하게 한다. 그리고 친구가 정한 비행기나 호텔을 예약하는 잔심부름을 도맡는다. 회의에서도 자신의 의견을 말하지 않고 그저 결정된 사항에 얌전히 따를 뿐이다.

모든 결정을 친구나 연인, 배우자에게 양보하지만 '내가 마음이 더 넓으니까 양보하는 거야', '친구가 기뻐하는 얼굴을 보고 싶어', '나는 뭐든 다 좋아하니까' 등 그럴싸한 이유를 붙여서 스스로를 납득시키려고 한다. 하지만 실은 상대가 자신의 결정을 싫어하거나 이로 인해 미움을 받을까 봐 결정을 피하는 것뿐이다.

그러다 친구나 연인, 배우자가 별로 중요하게 생각하지 않는 사항에 대해서는 부담 없이 결정을 하고, 자신의 의견대로 했다고 안심한다. 매사가 이런 식이면, 자신의 인생임에도 불구하고 늘 다른 사람이 주인공이 되어버린다. 자신은 조연으로 전락하고 만다. 자칫하면 이기적인 사람들의 노예가 될 수도 있다. 이렇게 사는 것이 과연 자신의 인생을 사는 거라 말할 수 있을까?

특징 ⑥ 자신의 의견이 없다

착한 사람을 대하다 보면 '도대체 이 사람은 무슨 생각을 하는 것일까?' 궁금할 때가 있다. 주변 사람의 의견이나 선택에 맞춰주는 것은 알겠는데, 이 사람이 정작 원하는 게 뭔지는 전혀 알 수 없기 때문이다. 그래서 착한 사람에게 '당신의 의견은 뭔가요?' 또는 '너는 어떻게 하고 싶은데?'라고 물으면, 놀랍게도 대부분의 경우 대답을 하지 못한다.

착한 사람은 잠시 생각에 잠긴다. 그러다 무난하고 평범한 의견, 다른 사람의 의견을 재탕한 의견, 모범답안 등을 제시한다. 자신에게 불똥이 튀지 않는 표현으로 회피한다. 이는 자신의 생각을 말하지 않는 것이 아니라, 진짜 자신의 생각이 없기 때문이다. 다 큰 성인이 자신의 생각 없이 다른 사람의 생각에 의존해서 살아가는 것은 정말 이상하지 않은가?

'빛 좋은 개살구'라는 말처럼 이들은 겉보기에는 완벽히 착한 사람이지만, 정작 그 안에는 가장 중요한 알맹이가 없다. 이렇게 살아가는 인생을 비행기에 비교하면, 다른 사람에게 조종사의 역할을 맡기는 것이나 다름없다. 갑자기 난기류에 진입하면 어디를 향해 날아가고 있는지조차 알 수 없게 된다.

착한 사람의 대부분은 오랜 시간 계속 상대의 의견에 맞춰 살아오면서 스스로 생각하는 것을 포기한 경우가 많다. 자신의 생각은 결국 받아들여지지 않을 거라고 단정짓고, 진작부터 스스로 생각하기를 단념하고 만 것이다.

특징 ⑦ 우유부단하다

자신의 의견이 없다 보니, 당연히 자신의 일을 스스로 결정짓는 것 역시 힘들다. 그래서 개중에는 모든 것을 남에게 맡기거나 의존 경향을 보이는 사람도 있다.

예를 들면, 회식의 참석 여부를 묻는 메시지가 왔다고 치자. 보통은 회식 날짜에 다른 스케줄이 있는지 확인하고, 참석할지 말지를 대답하면 그만이다. 그러나 착한 사람은 이런 메시지에 대한 대응도 유별나다. 바로 참가하겠다고 대답하면 뭔가 다른 일을 부탁받을까 봐 신경이 쓰인다. 그렇다고 불참한다고 하면 다른 사람들이 어떻게 생각할지 불안해진다. 사실은 참석하고 싶지 않은데도 어떻게 해야 할지 계속 고민만 한다. 별거 아닌 회식에 참석하느냐 마느냐로 이미 마음이 너무 무겁다. 정신적으로 피곤할 수밖에 없다. 그러다 회식 직전에 주선자에게 어떤 사람이 참석하면 자신은 참석하지 않겠다고 연락을 하기도 한다.

간신히 회식에 참석하기로 마음을 먹어도, 그 다음엔 뭘 입을지 정하지 못해서 문제가 된다. 이 옷은 유행에 뒤쳐졌고, 저 옷은 너무 화려하고, 이 옷은 지난 번에 입었다며, 다른 사람들의 눈을 의식해서 계속 고민한다. 다른 참석자들의 옷까지 염두에 두고는 거기에 맞춰야 한다고 생각하기도 한다. 이런 상황이다 보니 아무리 시간이 지나도 결정이 안 된다. 드디어 큰 결심을 하고 옷을 갈아입는다. 그러나 현관 앞에서 구두를 신자니 불현듯 불안해지면서, 회식에 온다는 고참 언니 얼굴이 떠오른다. 이렇게 입었다간 너무 튈지도 모른다며 당황해서 수수한 옷으로 갈아입는다.

결국 집을 나서는 데 시간이 많이 지체됐다. 지각하게 되면 보게 될 고참 언니의 냉랭한 얼굴이 또다시 떠오른다. 종종걸음으로 모임 장소로 향하고, 전철이나 버스가 제때 오지 않으면 안절부절 못한다. 이렇게 착한 사람은 늘 마음에 여유가 없고 피곤하다.

생각해보면 '우유부단'이라는 말은 착한 사람을 대표하는 말이다. 착한 사람에 대한 사전이 있다면, '노력한다'와 '참는 다', '인정받고자 한다' 다음으로 '우유부단'이 나올 것 같다. 착한 사람은 누군가가 모든 문제를 결정해주기를 원한다. 하지만 그런 슈퍼맨이 늘 나타나주지는 않는다. 그렇다고 스스로 결정을 하지도 못하니, 이런 우유부단함 속에서 결국 최종 마감 때까지 질질 끄는 최악의 선택을 한다. 그래서 문제는 점점 산더미처럼 쌓여간다. 그 산더미 같은 문제를 바라보며 착한 사람은 깊은 한숨을 내쉰다. 더 이상 어떻게 해야 좋을지 모르기 때문이다.

특징 ⑧ 그 자리만 모면하려고 한다

착한 사람이 의견이 다른 사람들 사이에 끼면 어떻게 될까? 누구에게도 미움받고 싶지 않은 착한 사람에게는 절대절명의 위기다. 이럴 때 착한 사람은 명확하게 흑백을 가려 어느 한쪽에 동의하는 것이 아니라, 회색 입장을 취하고 어느 쪽으로도 해석될 수 있는 애매한 해결 방식으로 어떻게든 그 자리를 모면하려고 한다.

때로는 자신이 악역을 맡아 문제를 해결하려 할 때도 있다. 그러나 대충 넘어갈 수도 없고 흑백을 분명히 가려야 할 때는 어느 쪽이든 강한 편에 붙어서 그 사람의 보호를 받으려고 한다.

이처럼 착한 사람은 어떻게 하는 것이 올바른지, 자신은 어떻게 하고 싶은지가 아니라 '어떻게든 그 자리를 모면하면 된다'는 사고로 일관한다. 그래서 이들을 계속 만나다 보면, 의견이나 행동에 일관성이 없다는 사실을 금세 알 수 있다. 조각보를 이어서 만든 색동 이불처럼 말이다.

특징 ⑨ 누군가에게 의존하고 싶어 한다

자신의 생각도 없고 스스로 결정을 내리지도 못한다면, 이 세상을 살아가기가 너무 힘들다. 그래서 착한 사람은 자연스럽게 강한 사람에게 의존해서 살아가려고 한다. 강자의 비호 아래에 들어가는 것이다. 조직 폭력배의 세계와 마찬가지다. 그러나 강자에게 의존하는 것이 무조건 좋은 것만은 아니다. 보호를 받는 대신 그 사람의 시중을 들어야 하기 때문이다.

의존하는 사람이 이기적이지 않고 큰 형님처럼 잘 돌봐주면 그나마 다행이지만, 이 세상에 그런 선량한 사람은 드물다. 특히 직장이나 모임 등에서 착한 사람은 이기적인 사람의 노예가 되기 쉽다. 이기적인 사람이 자기 마음대로 다룰 수 있는 부하를 원하는 것은 어찌보면 당연한 일이니 말이다.

강자에게 의존해서 문제를 해결하려고 했는데, 어느새 그

사람이 가장 골치 아픈 문제가 될 수도 있다니 참으로 아이러
니하다. 거미줄에 제대로 걸린 벌레나, 개미지옥에 걸려 괴로
워하는 개미처럼 아무리 버둥대도 움직일 수 없다. 이기적인
사람이 순해 빠진 착한 사람보다 훨씬 더 능수능란하기 때문
이다.

한편 누군가에게 의존해서 살아가려고 하는 만큼, 혼자 있
으면 불안하고 외로움도 많이 탄다. 주말에도 가능한 한 약속
을 잡아서 친구나 연인과 함께 시간을 보내려고 한다. 혼자 있
을 때는 허전함을 많이 느끼므로, 텔레비전이나 음악을 들으
며 주의를 분산시키거나 일부러 자잘한 일을 만들어서 바쁘게
움직이기도 한다.

특징 ⑩ '~해야 한다'는 압박을 느낀다

착한 사람의 평소 말이나 행동을 자세히 살펴보면, 이들이 '~
해야 한다'는 수많은 강박관념에 사로잡혀 있다는 사실을 잘
알 수 있다. 사람마다 그 내용 역시 완전히 제각각이다. 예를
들어 상담실을 찾은 40대의 한 회사원은 '근무시간 30분 전에
출근해야 한다'는 규칙과 '상사보다 먼저 퇴근해서는 안 된다'
는 규칙을 매우 중요하게 생각했다.

맞벌이로 일하고 있는 한 여성은 눈에 띄는 옷이나 화장을
해서는 안 된다, 쓰레기는 제대로 분리수거 해야 한다, 가계부

를 꼼꼼이 적어서 지출을 관리해야 한다, 파자마는 매일 갈아 입어야 한다, 남편이 귀가할 때까지 자지 않고 기다려야 한다 등 완벽하게 집안일을 병행하기 위한 여러 가지 규칙을 지키려 애쓰고 있었다.

개중에는 '늘 웃어야 한다'는 강박에 시달리는 사람도 있었고, 결혼식 축의금을 낼 때마다 친구와 같은 금액을 내기 위해 이러저리 묻느라 바쁜 사람도 있었다.

자세히 들여다보면, 일반적으로 통용되는 도덕적 규범이나 사회적 매너도 있고, 너무 사소해서 굳이 왜 그렇게까지 해야 하나 싶은 것들도 있다. 어쨌거나 착한 사람에게는 '~해야 한다'라는 자신만의 규칙이 끊임없이 이어진다.

실은 해서는 안 되는 것을 몰래 하는 것 역시 인생의 소소한 즐거움인데, 지나치게 올곧은 착한 사람에게는 그런 사고 방식조차 건전하지 않게 여겨진다. 그래서 착한 사람은 자신의 규칙을 지키기 위해 많은 시간과 에너지를 소비한다. 한마디로 착한 사람은 스스로 끝도 없는 규칙을 만들고 그 규칙에 얽매여서 옴짝달싹 못하고 마는 것이다.

지금까지 착한 사람이란 어떤 사람인지 제대로 알기 위해서 그 특징을 찬찬히 살펴보았다. 어쩌면 지금까지 가졌던 착한 사람에 대한 이미지가 바뀌었을지도 모르겠다.

이 책을 읽는 독자 여러분이 착한 사람 본인일 수도 있고, 아니면 착한 사람을 주변에 가까이 두고 있는 사람일 수도 있을 것이다. 어쨌거나 착한 사람을 그만둘 방법을 찾고 있다면, 착한 사람의 미소 뒤에 숨겨진 이런 모습들을 제대로 이해하는 것부터 시작하기를 바란다.

03

착한 사람을 이용하는 천적은 이기적인 사람이다

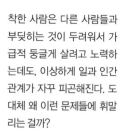

착한 사람은 다른 사람들과 부딪히는 것이 두려워서 가급적 둥글게 살려고 노력하는데도, 이상하게 일과 인간관계가 자꾸 피곤해진다. 도대체 왜 이런 문제들에 휘말리는 걸까?

착한 사람이 이기적인 사람을 만났을 때

우리가 살면서 만나는 대부분의 문제는 인간관계에서 발생한다. 카운슬링을 해보면, 병이나 가족의 죽음, 실업이나 파산, 자연재해와 연관된 고민도 분명 있다. 하지만 실제로 도움을 필요로 하는 고민의 90%는 인간관계에서 나온다. 누구나 행복해지고 싶어하지만 좀처럼 행복을 실감하지 못하는 이유는 우리가 인간관계 속에서 서로에게 상처를 주거나 상대방을 끌어내리기 때문이다.

그렇게 생각하면, 인간관계만큼 성가신 것은 없다. 인간관계에서 벗어나 혼자 살면 될 것 같지만, 그러면 또 외로워지니 말이다. 인간은 정말 복잡한 생물이다. 유명한 소설가 나쓰메 소세키(일본이 자랑하는 문호로 ≪도련님≫이라는 대표작이 있다-역주)가 자신의 작품 ≪풀베개≫의 서두에서 '옳고 그름만 따지다 보면 다른 사람과 부딪히기 쉽고, 그렇다고 정에만 치우치면 다른 사람에게 휩쓸리기 쉽다'라고 한탄한 것과 같은 맥락이다.

그렇다면 왜 착한 사람은 문제에 휘말리는 걸까? 앞서 얘기한 바 있지만, 착한 사람은 남에게 미움받는 것을 두려워해서 싫은 것도 마다하지 못한다. 그저 자기가 혼자서 참고 넘기면 될 거라 생각하고, 남을 먼저 배려해서 맞춰주려고 한다.

그런데 세상에는 자기만 좋으면 그만이라는 식의 이기적인 사람이 너무나 많다. 그런 이들에게 착한 사람이란 '너무 만만해서 마음대로 이용하기 좋은 사람'일 뿐이다. 그들은 이런저런 무리한 요구를 당당하게 한다. 이 요구가 반복될수록 심각한 문제로 발전하게 되고, 그러다 보니 직장, 가정, 연애, 친구 등 모든 인간관계에서 문제에 휘말린다. 이기적인 사람은 그야말로 착한 사람의 천적인 셈이다.

직장 편 | 도대체 왜 나를 만만하게 보는 거지?

chapter 03

착한 사람은 충실한 부하, 신뢰받는 동료, 좋은 선배의 이미지를 지닌다. 기본적으로 성실함과 노력을 장착하고 있기 때문에, 좋은 상사와 직장 동료를 만난다면 주어진 일을 잘 해낼 수 있다. 그러나 회사에서는 부하를 배려하는 좋은 상사만 있는 것이 아니고, 성실하고 충성스러운 부하 직원만 있는 것도 아니다. 때로는 이기적인 상사나 동료, 부하 직원을 만나기도 한다. 그리고 바로 이 때문에 착한 사람은 온갖 문제에 휘말리게 된다.

문제 ① 일이 너무 많다

착한 사람은 부탁받은 일을 거절하지 못하기 때문에 이기적인 상사로부터 계속해서 일을 떠맡게 된다. 업무 내용이 완벽하고 기한 내에 일을 잘 처리하므로, 이처럼 쓸모있는 부하도 없다. 그러다 보니 착한 사람은 자신과 상관없는 일까지 강요당하는 경우가 많다. 만약 이때 착한 사람이 주저하고 있으면, 기다렸다는 듯이 한마디한다. "자네라면 할 수 있어. 기대하고 있네."라고 말이다.

착한 사람이 감당할 수 있는 업무량이면 좋겠지만, 일을 거절하지 못하는 동안 어느새 1장에 나온 A씨처럼 업무에 과부하가 걸리고 만다. 늦게까지 야근을 해서라도 어떻게든 해보려고 하지만, 건강만 나빠지고 업무에 짓눌려 허우적거린다.

결국 이기적인 상사로부터 '기대를 저버렸다', '내 얼굴에 먹칠을 했다'며 노여움을 사게 된다. 이 세상은 순종적인 착한 사람에게 불합리하기만 하다.

문제 ② 힘 폭력의 대상이 된다

착한 사람은 조직 내에서 힘 폭력의 대상이 되는 경우가 많다. 예를 하나 들어보자. 스물네 살 E씨는 대학을 졸업하고 정밀기기 제조 회사의 영업부에 입사했다. 그의 상사는 사내에서 힘 폭력으로 악명 높은 과장이었는데, 과거에도 부하 직원을 자주 괴롭혀서 이른바 '분쇄기'라는 별명으로 불리는 사람이었다. 말 잘 듣고 부서에 공헌하는 사람은 좋아하지만 자신의 주장을 펼치거나 일을 못해서 발목을 잡는 사람은 줄기차게 공격한다. 하지만 과장 입장에서는 그런 괴롭힘이 상사로서 부하에게 베푸는 귀중한 가르침의 일환일 뿐이었다.

처음에는 과장도 신입사원 E씨에게 친절했지만, 연수가 끝나고 실제로 업무가 시작될 때부터 상황이 달라졌다. E씨는 매일 아침 보고서를 가지고 과장에게 전날 업무를 보고하러 갔다. 그러나 보고서는 이내 책상 위에 내동댕이쳐지고 "장난해?"라는 불호령이 떨어졌다. 그것을 시작으로 늘 한 시간씩 꾸중을 들었다. 과장이 화내기 시작하면 E씨는 심장이 벌렁거리고 식은땀이 나서, 더 이상 아무 말도 하지 못했다. 고개를 떨군 채 동네 북처럼 듣고만 있었다. 성실한 E씨는 과장이 자신을 발전시키기 위해 화내고 있는 것이라 여기고 참았다. 그렇게 믿고 싶었는지도 모른다.

한번은 밤 늦게까지 야근을 하고 있었는데, 과장으로부터 "그렇게 간단한 일을 언제까지 붙잡고 있는 거야?"라는 꾸지람이 떨어졌다. 어쩔 수 없이 일을 집에 가지고 가게 되었고, 간신히 보고서를 정리한 뒤에야 잠자리에 들었다. 그런데 아침에 과장에게 꾸중 들은 말이 떠올라 좀처럼 잠을 이룰 수가 없었다. 새벽녘이 되어서야 설잠이 들었고, 알람 소리와 함께 두려운 아침이 다시 찾아왔다. 그 뒤부터는 이런 날의 반복이었다. 그러다 어느 날 아침, 무의식적으로 알람 시계를 끄는 바람에 중요한 회의에 지각하고 말았다. 과장의 분노는 상상을 초월했다. 이제는 잠을 자는 것조차 두려워졌다.

보다 못한 직장 선배들이 힘 폭력 창구에 상담을 받으러 가라고 충고해주었다. 그러나 E씨는 과장의 보복이 두려워 도저히 그럴 엄두가 나지 않았다. 오히려 일을 제대로 못한 자기 탓이라며 스스로를 책망했다. 과장에게 야단맞지 않도록 하루빨리 일을 제대로 해야겠다고 되뇌이면서 말이다.

착한 사람은 자칫하면 E씨처럼 힘 폭력의 대상이 되기 쉽다. 상사의 마음에 드는 착한 사람이라면 괜찮지만, 일이 생각하는 수준에 미치지 못하거나 눈치가 부족해 기분을 제대로 맞추지 못하면 스트레스의 배출구가 되기 십상이다. 일단 눈밖에 나면 상사의 평가는 달라지지 않는다. 왜냐하면 착한 사람은 결코 싫다는 말을 하지 않고 말 대답도 하지 않으므로, 이기적인 상사에게는 가장 쉬운 표적이기 때문이다. 사자가 토끼를 위협하는 것과 마찬가지다.

이쯤 되면 아무리 착한 사람이라도 이기적인 상사와 함께 있는 것이 괴롭다. 그가 언제 기분이 상해서 화를 낼지 모른다. 그래서 출근하면 상사의 기분이 어떤지부터 살피게 된다. 일기예보의 맑음과 흐림, 비 같다. 되도록 비는 피해야 한다. 그러나 이기적인 상사가 기분이 나쁜 이유는, 아침에 부부싸움을 했다든지, 좀전에 회의에서 부장한테 혼난 것이 원인이므로, 착한 사람이 아무리 열심히 일하고 조심한다 해도 어쩔 수 없다.

착한 사람은 힘 폭력을 당해도, 상사로부터 미움 받을까 두려워서 아무 반박도 하지 못한다. 게다가 상사의 보복이 두려워 인사부나 힘 폭력 창구에 상담도 못한다. 결국 우울증에 걸려 휴직계를 낸 후, 뒤늦게 상사의 힘 폭력이 있었다는 사실이 밝혀지는 경우가 많다. 정말 딱한 일이 아닐 수 없다.

문제 ③ 동료의 불평불만 배출구가 된다

상사의 힘 폭력만큼 심각하지는 않지만, 이기적인 동료의 스트레스 배출구가 되는 일 역시 빈번하다. 동료가 술 한잔 하자고 하면 일이 바빠서 거절하고 싶어도 꼼짝 못하고 따라 간다. 2차, 3차를 거치면서 업무나 상사에 대한 불평불만을 한도 끝도 없이 들어야 한다. 그야말로 불평의 배출구다. 내일 출근할 일이 걱정이다. 밤은 점점 깊어가고 결국은 찜질방에서 만취한 동료를 돌보는 역할까지 맡게 된다.

문제 ④ 고참 언니에게 시달린다

여성들에게는 회사의 내부 평판을 좌지우지하는 고참 언니가 가장 두려운 존재로 다가올 수 있다. 무엇보다 고참 언니의 기분을 상하게 해서 왕따라도 당하는 날이면 더 이상 그 직장에서 버티기 힘들다.

그렇다면 누가 고참 언니의 타깃이 될까? 물론 업무적으로 미흡해서, 예를 들어 업무 상태가 엉망이고 실수투성이라든지, 수다만 떤다던지 하는 이유 때문에 타깃이 될 수도 있다. 하지만 대부분은 옷차림이 눈에 띈다거나, 인기가 많다던가, 자기주장이 강하다거나, 인사를 잘 안 한다던가, 일찍 귀가하든가 하는 이유로 미움을 산다. 한마디로 고참 언니의 자존심을 건드리는 게 문제가 된다.

착한 사람은 그런 점까지 고려해서 무난한 옷을 입고 말이나 행동거지 하나하나를 조심한다. 그래서 대부분은 고참 언니의 신뢰를 받지만, 그렇다고 방심은 금물이다. 조심하지 않으면, 찍히는 건 순간이다. 그렇게 되면 고참 언니에게 휘둘리거나 스트레스의 배출구가 되고 만다. 정도가 심하면 어느 날 갑자기 왕따의 대상이 되기도 한다. 갑자기 직장 생활이 천국에서 지옥으로 돌변하는 것이다.

문제 ⑤ 부하를 통제하지 못한다

착한 사람은 직장 생활 초창기인 20~30대 때 성실히 일해서 좋은 평가를 받는다. 그러다가 30대 후반이 되면 자연스럽게 매니저나 팀장으로 추천을 받는다.

처음에는 착한 사람 자신도 매니저 일을 해낼 수 있을지 불안해한다. 착한 사람은 자기 평가에 인색하기 때문이다. 하지만 지금까지 실무에서 계속 좋은 평가를 받아왔고 직장에서 인간관계도 잘 유지해왔으니, 매니저가 되어도 괜찮을 거라는 희망을 가진다. 착한 사람도 사람이기 때문에 어느 정도 높은 직위로 올라가고 싶은 마음도 있다. 또한 B씨처럼 상사로부터 잘 할 수 있을 것이라고 등을 떠밀리는 경우도 있다.

하지만 매니저가 되면 상황은 돌변한다. 실무 능력이 아니라 결단력이 요구되기 때문이다. 또한 부하 직원도 관리할 수 있어야 한다. 무엇보다 너무 무르기만 한 상사는 부하 직원이 얕보는 일이 많아 그룹을 통제하기가 힘들다.

결단을 내리거나 사람을 통제하는 일은 지금까지 설명한 대로 착한 사람이 제일 못하는 일 중 하나다. 부하를 야단치는 일은 더욱 그러하다. 무엇보다 부하를 혼내서 부하에게 미움이라도 받으면 치명적이니 말이다.

문제 ⑥ 부하에게 일을 맡기지 못한다

우리 직장 문화에서는 팀장의 역할이 불분명할 때가 많다. 순수하게 관리직으로서 부하 직원들을 관리하는 일을 맡길 때도 있고, 플레잉 매니저(자기 일을 하면서 매니저로서 부하와 후배를 돌보는 입장의 사람-역주)를 요구하는 회사도 있다.

그렇게 회사마다 어느 정도 다른 역할을 요구하기는 하지만, 그래도 팀장과 팀원의 역할은 명확해야 한다. 하지만 착한 사람이 팀장이 되면, 1장의 B씨처럼 중요한 일을 부하에게 맡기지 못한다. 문제가 있어도 스스로 어떻게든 처리하려고 한다. 그러나 아무리 실무에서 분발을 하고 다른 부서 사람들의 동정을 받는다 해도, 정작 회사로부터는 좋은 평가를 받지 못한다. 게다가 팀장이 늦게까지 일하면 부하 직원은 눈치를 보느라 귀가하기 힘들어지니 또 다른 민폐다. 실무를 열심히 하면 할수록 그룹 속에서 고독해진다.

그러면 착한 사람은 왜 팀원에게 일을 완전히 맡기지 못할까? '팀원이 하면 80점 밖에 못 받지만, 내가 하면 100점을 받을 수 있다', '일일이 가르치는 것이 힘들어서, 차라리 내가 해버리는 편이 낫다', '맡기는 것이 불안하다' 등 여러 가지 이유를 생각할 수 있다. 하지만 실무를 맡길 수 없으면 여러 가지 문제점이 발생한다. 우선 부하 직원이 성장하지 못한다. 그리고 착한 사람 자신도 팀장 일에다가 실무까지 병행하는 것이므로 업무에 과부하가 걸린다. 상사가 혈안이 되어 일을 하는데 부하가 태평하니, 회사가 잘 돌아갈 리 없지 않은가?

게다가 아무리 열심히 일해도 사람에게는 체력의 한계라는 것이 있다. 보통 팀장이 되는 40대 전후에는 체력이 크게 저하되는 시기다. B씨처럼 산더미 같은 일에 짓눌려 몸이 비명을 지르고 마는 것이다.

가정 편 | 왜 나만 참아야 하는 거지?

착한 사람은 집에서도 비슷하다. 좋은 배우자이자 좋은 부모를 목표로 한다. 남성은 집에 있을 때도 좋은 남편과 좋은 아버지이어야 하기 때문에 긴장의 고삐를 늦출 수가 없다. 심지어 집에서 방귀를 긴 적이 한 번도 없다는 고객도 있었다. 직장에서 녹초가 되어 귀가했는데 집에서조차 편히 쉴 수 없다면, 피로가 풀릴 리가 없다. 여성의 경우도 마찬가지다. 직장에서도 가정에서도 착한 사람이기를 고집한다면 편히 쉴 틈이 없다. 아이가 태어나면 더욱 그렇다.

　이렇게 착한 사람은 헌신적인 모습을 보여주지만, 집에서도 여러 가지 문제에 휘말린다. 직장에는 많은 사람이 있어서 표면상이라도 예의를 지켜 대응한다. 하지만 가정에서는 서로의 고집이나 본심을 드러내기 쉽다. 직장에서처럼 경쟁 사회는 아니지만, 다른 종류의 스트레스가 나타날 수 있다.

특히 결혼 상대가 이기적인 사람일 경우, 직장보다 가정에서 더 긴장하게 되며 스트레스가 엄청나게 쌓인다. 자칫 상대방의 건드리면 안 될 부분을 건드려서 큰일이 나기도 한다. 상대가 정서적으로 불안한 경우라면 갑자기 시한폭탄을 건드린 것이나 다름없다. 그래서 어떤 착한 사람은 이유 없이 야근을 하거나 동료와 술을 마시고 되도록 집에 늦게 들어가려는 등 소심하게 반항을 시도하기도 한다.

문제 ① 무조건 계속 참는다

카운슬링을 하고 있으면 결혼한 지 10년 이상인데 부부 싸움을 한 적이 없다고 자랑하는 사람이 있다. 그 말이 거짓이라고는 생각하지 않지만, 왠지 고개를 갸우뚱하게 된다. 자라온 환경도 성격도 다른 남녀가 함께 생활하면, 의견이 맞지 않는 일이 산더미 같은 게 당연하다. 때로는 의견이 달라서 싸움으로 번지는 것이 일반적인 게 아닐까?

결혼한 지 10년 이상 된 부부가 싸운 적이 없다는 것은 대개 어느 한쪽이 계속 자신의 의견을 참고 있었다는 뜻이다. 대부분 참고 있는 쪽은 착한 사람이다. 착한 사람은 자신이 더 어른스러우니 양보하고 있다는 식으로, 어떻게든 자신을 납득시키려고 한다. 반면에 이기적인 사람은 '우리 부부는 10년 넘게

싸운 적이 없다'라고 자랑을 한다. 분명 그 사람에게는 천국 같은 10년이었을 것이다. 하지만 그 천국은 착한 사람의 인내의 지옥 위에 세워진 모래성 같은 것이다.

직장에서는 이기적인 상사를 만나 힘들다 하더라도, 대부분 2~3년이 지나면 상사나 자신 중 어느 쪽인가가 이동하게 마련이다. 하지만 가정에서는 아무리 계속 참아도 이혼을 하지 않는 한 결혼 상대가 바뀌지 않는다. 그리고 착한 사람은 스스로 이혼을 결심하지 못한다. 그저 '참을 인'자를 그리며 계속 참을 뿐이다. 1장의 C씨처럼 10년 이상 참다가, 어느 순간 너무 지쳐서 우울증에 걸릴지도 모른다.

문제 ② 심각한 문제가 있어도 이혼하지 못한다

F씨는 대학을 졸업하고 자동차 제조 회사 사무직에 취업했다. 거기에서 마사 씨를 만났다. 마사 씨는 자신에게 없는 것을 가지고 있는 사람이었고, F씨에게는 첫사랑이었다. 이후 결혼과 동시에 퇴사하고 전업주부로서 가정을 지켜왔다. 요령이 부족한 자신은 일과 가정이라는 두 마리 토끼를 도저히 잡지 못할 것 같았기 때문이다. 또한 그녀는 자신의 부모처럼 평범한 가정을 꿈꾸고 있었다. 그러나 생각대로 모든 일이 풀렸던 건 아니었다. 아무리 시간이 지나도 아이가 생기지 않았던 것이다. 그래도 남편인 마사 씨는 과장에서 부장으로 순조롭게 출세가

도를 달렸고, F씨도 여유롭게 테니스, 꽃꽂이, 영어회화 등의 취미를 즐기며 충분히 행복한 나날을 보냈다.

그러던 어느 날, 남편이 목욕하고 있을 때 책상 위에 있던 남편의 휴대폰 메시지를 우연히 보고 말았다. 놀랍게도 한 여성에게서 친근한 메시지가 와 있었다. 심장이 두근거렸다. 처음엔 모르는 척 하려고 했지만 참을 수가 없었다. 결국 남편이 휴대폰을 집에 두고 출근한 날, 그녀는 남편의 메시지를 열어보고 말았다. 그러자 성실하다고 믿었던 남편이 계속 술집 여성과 사귀고 있었다는 사실을 알게 되었다. 귀가한 남편을 추궁하자 처음에는 사과했지만, 계속해서 책망하자 F씨에게 "당신이 매력이 없어서 그런 거잖아."라며 오히려 적반하장인 태도를 보였다.

F씨는 남편이 만나고 있는 여성에게 '더 이상 만나지 말라'는 메시지를 보냈다. 하지만 상대는 만만치 않았다. 메시지로 다투다가 결국에는 남편에게는 비밀로 하고 그 여성과 만나기로 했다. 그리고 놀랍게도 그 여성에게서 남편이 자신과 사귀기 전에도 여러 명의 여자들과 사귀었다는 사실을 전해 들었다. 그리고 남편이 자신에 대해 이런저런 험담을 했다는 얘기도 듣고 말았다. 급기야 그 여성은 자신은 남편과 헤어질 마음이 없다고까지 했다. F씨는 다리가 덜덜 떨리고 할 말을 잃었다. 눈앞이 하얘지고 쓰러질 것 같은 것을 가까스로 버텼다. 그

여성의 말대로라면 남편은 결혼 후, 쭉 불륜을 저질러왔다는 얘기다. F씨는 자신의 모든 것이 무너져 내리는 듯한 느낌이었다. 그저 남편을 믿고 자신의 모든 것을 남편에게 바쳐왔는데 말이다.

그때부터 F씨의 지옥 같은 날이 시작되었다. 건강도 점점 나빠져서 아침에 일어나지 못했다. 위 기능에 문제가 생겨 거의 음식을 넘기지 못했고, 더 이상 남편을 위해 집안일을 하고 싶지 않았다. 사실 정확하게 말하면 살고 싶지가 않았다. 가정 내 별거가 시작된 것이다. 어떻게 해야 할지 몰라 어머니에게 의논하자, 헤어지고 친정으로 돌아오라고 했다. 친구에게 의논하면 그저 동정받을 뿐이었다.

어찌해야 할지 몰라 여러 상담소와 카운슬링, 점집을 전전했다. 누구와 의논하느냐에 따라 해결책도 달랐다. '그런 남자와는 헤어지는 것이 상책이야', '헤어지면 생활은 어떻게 할 거야?', '남자들은 바람피기 마련이야' 등 들으면 들을수록 답은 안 나오고 혼란스럽기만 했다.

F씨도 이혼하는 편이 낫다는 사실은 알고 있지만, 아무리 애써도 이혼을 결심하기가 쉽지 않았다. 남편은 바람 피운 상대와 헤어졌다고 했지만, 그것이 사실인지는 알 수 없다. 남편의 귀가가 늦어지면 정말 미칠 것 같다. '신은 왜 나에게 이런 고통을 주시는 것일까?', '언제까지 이런 고통이 계속되는 것일

까'?라며 F씨는 힘 없이 내뱉는다.

이렇게 F씨처럼, 이혼 상담을 위해 찾아오는 이들이 많다. 그런데 이런 사람들은 아무리 상담을 해도 절대 이혼을 선택하지 못한다. 나는 왜 그들이 이혼하지 않는지에 대해 계속 이상하게 생각했었다. 통계상 일본 기혼자의 대략 3분의 1이 이혼한다고 하는데, 이혼하고 싶다며 카운슬링 센터에 찾아온 사람이 깨끗이 갈라서지 못하니 말이다. 하지만 시간이 지나면서 왜 이혼하지 않는지를 알게 되었다. 정말로 이혼을 원하는 사람은 나에게 상담을 받으러 오는 게 아니라 바로 이혼해버린다. 이혼할지 말지 결정을 못 내리는 착한 사람만이 카운슬러가 결정해주는 대로 따르려고 이혼 상담을 받으러 오는 것이다. 하지만 인생의 중요한 일을 남 얘기하듯이 "그 정도면 이혼하는 게 나아요."라고 쉽게 말할 수는 없다. 내가 '이혼하는 편이 좋다'나 '이혼 안 하는 편이 좋다'라고 조언해서 그대로 따랐다고 치자. 그러면 대부분의 경우 언젠가는 나를 원망할 것이다. 오가타 씨가 하라는 대로 했더니 이 지경에 이르렀다고 말이다.

누구나 자신의 인생 문제는 스스로 납득할 수 있는 답을 찾아내고, 그 답에 책임을 져야 한다. 스스로 내린 결론이라면 조금 힘든 상황이 될지라도 참을 수 있다.

하지만 착한 사람은 이혼할지 안 할지 어느 쪽도 선택하지 못한다. 하긴 회식에 참가할지 안 할지도 결정하지 못하는 사람에게 이혼은 인생 최대 고난이도 문제가 아닐 수 없다. 어떻게 해야 할지 몰라서 두뇌가 정지해버린다. 설령 누군가가 '이혼하는 게 좋다'라고 해서 잠시 그럴 마음이 들었다고 해도, 결국은 두려워서 행동에 옮기지 못한다.

문제 ③ 자녀교육에 실패할 확률이 높다

착한 사람이 부모가 되면 아이를 혼내고 야단 치는 일을 힘들어하는 경우가 많다. 자식에게 미움받는 것이 두렵기 때문이다. 그래서 아이의 어리광을 받아주고 아이가 원하는 대로 해준다. 아이가 원하면 뭐든지 사주고, 숙제든 뭐든 도와준다. 문제는 이렇게 하면 아이가 노력을 배우지 못하고 참을성을 기를 수 없다는 것이다.

집에 있을 때는 거기서 그칠 뿐이지만, 학교에 가면 문제는 심각해진다. 좀처럼 친구들과 어울리지 못하거나 왕따를 당해 등교를 거부하게 되는 일도 있다. 사회에 나가면 상황은 더 나빠지고 심각한 인간관계 문제를 겪게 된다. 심할 경우에는 은둔형 외톨이에 이르기까지 하는데, 그 사례를 하나 소개하겠다.

G씨는 사내 연애로 다케시 씨와 결혼했다. 누구에게나 상냥하고 천사 같은 G씨에게 회사 내 뭇 남성들이 고백했지만 결

국 성실한 다케시 씨가 G씨의 마음을 열었다. 착한 사람끼리의 결혼 생활은 순조로울 것 같았다. 그러나 결혼 1년 후에 다케시 씨가 상사나 고객들과의 사이에서 생긴 스트레스 때문에 우울증에 걸려 휴직을 했고, 그 후 다른 부서로 복직했지만 걸핏하면 병가를 냈다.

그래서 아이를 갖는 것도 늦추었다. 그러다가 결혼 8년 만에 아들 유를 얻었다. 무엇이든 완벽하지 않으면 성이 안 차는 G씨는 육아에 전념하기 위해 일을 그만두고 싶었지만, 남편의 건강 상태로 계속 일할 수 있을지 불안해서 자신이라도 일을 계속하기로 했다. 다만 아들을 어린이집에 맡기는 것이 미안해서 함께 있을 때는 최대한 잘해주려고 했다. 아들이 원하는 것은 무엇이든 들어주고 뭐든지 사주었다.

그런데 아들은 어린이집에서 이런저런 말썽을 일으켰다. 미끄럼틀에서 순서를 지키지 않거나 다른 아이들의 장난감을 빼앗아 선생님들에게 야단을 맞곤 했다. 초등학교에서도 친구들을 괴롭혀서 문제가 되었다. 그러다가 초등학교 4학년 때 자신보다 힘이 센 아이와 싸워서 호되게 당한 이후로 학교에 가지 않으려 했다. 이른바 등교 거부였다. 아이는 집에서 마음껏 게임만 했고, 다음 해에 그 아이와 반이 달라진 후에야 다시 학교에 가기 시작했다.

중학교는 어느 정도 순조로웠지만, 고등학교에 들어가자 점점 성적이 떨어졌다. 튀는 것을 좋아해서 머리를 염색했다가 선생님에게 주의를 받았다. 그러다 무서운 선배 눈 밖에 난 후로는 학교에 아예 가지 않았다.

등교 거부가 지속되면서 아버지 다케시 씨가 한마디 하자 "회사를 쉬면서 일도 안 하는 아빠한테 잔소리 듣고 싶지 않아."라며 악다구니를 썼다. G씨가 걱정하니 "엄마가 어리광을 받아줘서 내가 이렇게 된 거야!"라며 폭력적인 모습을 보였다. 이젠 부모도 어떻게 해야 할지 몰랐다. 조심조심 끼니나 빨래 등 일상에 기본적으로 필요한 것을 조달해줄 뿐이었다. 결국 등교 거부 전문 상담가를 집까지 오게 했다. 그리고 지금 다니고 있는 학교를 그만두고 등교 거부 학생 전문 고등학교로 전학시켜 간신히 졸업할 수 있었다.

추천으로 입학한 대학에서는 거의 수업에 참석하지 않았고 교내 동아리나 사교 모임 같은 데도 관심이 없었다. 하지만 꽤 호남형이었던 터라 여자 문제는 끊이질 않았다. 그렇게 대학 시절을 보내고 취업 시즌이 되자 G씨 오빠의 소개로 제조 회사에 들어갔다.

처음 연수 두 달 동안은 동기들과 어울려 즐겁게 회식도 하면서 잘 지내는 듯했다. 그러나 영업부에 배치되어 상사에게 야단맞고 난 후로는 두통과 구토로 회사에 갈 수 없게 되었다. 결국 퇴사하고 중소기업에 재취업했지만 거기에서도 직장에서의 인간관계를 못 견디고 그만두고 말았다. 다시 방에 틀어박혀 인터넷 게임 삼매경 생활로 돌아갔다. 그리고 때때로 데이트를 하기 위해서 돈이 필요할 때면 G씨에게 용돈을 타갔다. 남편까지 휴직 중이라서, 지금은 G씨 혼자 일과 가정을 짊어지고 있다. G씨의 수난의 나날은 더 이상 탈출구가 보이지 않는다.

G씨의 사례를 보면, 부모가 지나치게 어리광을 받아준 탓에 아이가 계속 욕심만 기르고, 살아갈 능력을 제대로 배우지 못했음을 알 수 있다. 착한 부모가 소중히 자식을 길렀지만, 의도치 않게 정반대의 결과가 나타난 것이다.

연인 및 친구 관계 편 |
왜 자꾸 끌려다니는 거지?

착한 사람이 연애를 하거나 친구를 사귈 때 겪는 문제점에 대해 살펴보도록 하자. 이 경우 역시 앞서 계속 이야기했던 것과 마찬가지로, '무조건 계속 참는다'와 '헤어지지 못한다'는 문제가 발생한다. 특히 친구 사이든 연인 사이든, 이기적인 상대에게 계속 끌려다니는 게 가장 큰 문제이다.

하염없이 착한 사람일수록 이상하게도 이기적인 사람에게 잘 걸려든다. 비극이 아닐 수 없다. 처음에는 자신과는 달리, 뭐든지 척척 결정을 잘 하니까 든든하다고 생각한다. 서로 성격이 완전 정반대라서 자신에게 없는 점에 끌리는지도 모른다. 하지만 점점 이기적인 행동이 눈에 띄면서 마음 고생이 시작된다.

그런데도 착한 사람은 왜 늘 연애할 때 잘 안 풀리는 건지 고민한다. 스스로 이기적인 사람을 선택해 사서 고생하고 있다는 사실을 깨닫지 못하고 말이다.

반대로 앞서 A씨의 경우처럼, 의존적인 이성을 만나 서로 의존하는 공생관계에 놓일 때도 있다. 이런 경우, 착한 사람은 나이팅게일 정신으로 상대방을 위해 오로지 헌신한다. 처음에는 '내가 노력하면 이 사람도 바뀌지 않을까?'라고 기대한다. 하지만 사람이 그렇게 쉽게 바뀔 리 없다. 결국 바꾸는 것을 포기하지만, 그렇다 해도 상대에게서 벗어나지 못하고 '이 사람은 내가 없으면 폐인이 될 거야'라며 어느새 둘이 함께 천천히 지옥불 속으로 걸어들어간다.

지금 사귀고 있는 연인이 제멋대로라서 헤어지고 싶어도 자기가 먼저 헤어지자고 말을 하지 못한다. 1장의 D씨처럼 헤어지는 편이 낫다는 사실을 너무 잘 알고 있어도, 불같이 화를 내거나 자살 소동까지 벌이면 옴짝달싹 못한다. 그저 수동적으로, 상대방이 자신을 싫어하게 되서 떠날 때까지 기다릴 뿐이다.

착한 사람은 이기적인 친구에게도 제멋대로 휘둘린다. 대개 착한 사람은 단체 맞선이나 여행갈 때 사람수를 조정하는 역할을 맡는다. 자칫하면 현금 인출기가 되기도 한다. 대학 강의에 빠지지 않고 열심히 적은 노트를 빌려줄 뿐 아니라, 시험에 나올 예상 문제까지 가르쳐준다. 심지어는 그 친구가 예상 문제가 틀렸다고 화를 내도 아무 말 못한다. '친구'라고 생각했는데 어느새 종 부리듯이 당하는 사례도 있다.

착한 사람은 '아무래도 상관없는 사람'이라는 말을 들을 때가 있는데, 이는 마음대로 다루기 좋은 편리한 사람이라는 뜻이다. 얼마든지 내 말을 들어주고 입도 무거우니, 그야말로 불평의 배출구로는 안성맞춤인 것이다. 서글프게도 착한 사람은 그저 상대방의 고민을 들어주기만 하지 자신의 고민을 털어놓지 못한다.

여성의 경우에는 더 심하다. 사생활에서도 이기적인 친구들의 긴 전화 통화를 들어줘야 하는 일이 빈번하다. 상대방은 연애 이야기나 실연당한 이야기를 밤 늦게까지 끝도 없이 한다. 내일 회사 갈 일이 걱정이지만, 절대 자기가 먼저 끊지 않기 때문에 한도 끝도 없다. 친구들 모임에서도 쉴 새 없는 수다에 가만히 귀를 기울인다. 적당히 흘려 들으면 될 것을 늘 진지해서, 정신적으로 더욱 피곤해진다.

금전 편 | 왜 이번에도 거절을 못했을까?

chapter 03

착한 사람이 가장 고생하는 것 중 하나가 바로 금전 문제다. 우유부단하고 거절을 잘 못하다 보니, "돈 좀 빌려줘."라는 말에 적절히 대처하기가 힘든 것이다. 이를 악용하는 사람에게는 이보다 더 좋은 물주가 없다. 상담실을 찾은 H씨가 바로 그런 경우였다.

H씨는 대학 테니스 서클 선배였던 마코토 씨와 사귀었다. 소극적인 H씨는 활동적인 마코토 씨가 눈부셔 보였고, 졸업 후 자연스레 결혼까지 이르렀다. 곧 아들과 딸이 태어났고, 마코토 씨는 취업했던 제약 회사의 영업 일이 적성에 잘 맞아 부장, 본부장으로 승승장구했다.

아무런 문제도 없는 행복한 가정처럼 보였지만 H씨에게는 한 가지 고민이 있었다. 두 살 아래인 남동생이 아직까지 자립

착한 사람을 이용하는 천적은 이기적인 사람이다

을 하지 못했던 것이다. 남동생은 대학 졸업 후 여러 회사를 전전했다. 참을성이 없는 성격이라, 직장에서 인간관계로 문제를 일으켜서 그만두는 일을 매번 반복했다. 회사를 옮길 때마다 회사의 규모는 점점 작아졌고 결국 정사원으로 뽑아주는 회사가 없어서 아르바이트로 생계를 이어갔다. 이런 생활이다 보니 결혼도 하지 않고 계속 혼자 살 수밖에 없었다.

남동생은 오사카에 살고 있었지만 도쿄에 사는 H씨에게 자주 전화를 걸어 돈을 달라고 했다. '아르바이트를 그만둬서 돈이 없다', '전기세를 못 내서 곧 전기가 끊길 것 같다', '감기에 걸려서 아르바이트를 못해 돈이 바닥났다' 등 핑계는 다양했다. 그때마다 H씨는 동생이 불쌍해서 저금해놓은 돈에서 동생이 요구한 돈보다 만 엔 정도 더 얹어 보내주었다. 청구 금액도 몇 만 엔에서 많을 때는 십만 엔을 넘었다.

그런데 얼마 전 부동산업자가 연락을 해왔다. 남동생이 집세를 석 달치 밀렸는데 지불할 것 같지가 않으니, 보증인인 당신이 지불하라는 것이었다. 이십만 엔 가까운 돈이었다. 이를 알게 된 남편인 마코토 씨는 "당신이 물러터져서 동생이 이날 이때까지 자립을 못하는 거 아냐?"라며 화를 냈다. H씨 역시 마음을 굳게 먹고 남동생의 요구를 거절해야 한다는 사실은 잘 알고 있지만, 그래도 동생의 괴로워하는 목소리를 들으면 계속 송금을 하게 된다.

H씨는 남동생이 정말로 곤란한 상황이니 어쩔 수 없다고 생각할지도 모른다. 하지만 과연 그녀의 남동생이 감사하는 마음을 가지고 있을지는 의문이다.

돈 때문에 힘들다고 말하기만 했는데 돈을 빌릴 수 있다면, 누구나 그 맛을 들일 게 뻔하다. 나쁜 친구는 두 번, 세 번, 자꾸자꾸 돈을 빌리려고 할 것이다. 심해지면 착한 사람에게 돈을 빌릴 생각으로 놀러다니거나 쇼핑을 하기도 한다.

하지만 금액이 많아져서 돌려받으려고 하면 돈을 빌린 친구는 갑자기 다른 사람처럼 태도가 바뀐다. 앉아서 주고 서서 받는다는 격이다. 돌려달라고 하면 갑자기 나쁜 사람 취급을 하면서 멀리한다. 제대로 차용증을 써두었으니 괜찮을 것이라고 생각해도, 상대방이 세게 나오거나 적반하장으로 나오면 착한 사람은 포기해 버린다. 제대로 받아내지도 못하고 변호사를 내세워 싸울 용기도 없다. 결국은 하이에나에게 뼈까지 먹히고 만다.

상황이 이러다 보니, 착한 사람은 사이비 종교나 불법 다단계가 주로 노리는 대상이기도 하다. 겉으로 보기에 상냥해 보이는 사람들이 다가와 다정하게 속삭인다. 일단 사이비 종교나 불법 다단계에 입문하고 나면, 그들은 착한 사람의 외로움을 달래주고 안심하게 만든다. 누군가에게 의지하고 싶은 착한 사람의 심리를 이용하는 것이다. 여기에 익숙해지면 나중

착한 사람을 이용하는 천적은 이기적인 사람이다

에는 스스로 심취해 열을 올리게 된다.

　　그러나 거기에서 그치지 않는다. 점점 돈을 갖다 바치게 된
다. 말도 안 되는 물건들을 고가에 강매당하기도 한다. 내가 아
는 재력가 부인은 남편 모르게 수천 만 엔을 갖다 바쳤다. 그런
이들에게 착한 사람은 호박이 넝쿨째 굴러오는데 오이까지 달
려 오는 격이 아닐 수 없다.

04

무조건 착한 건 성격이 좋은 게 아니라 마음의 병일 뿐이다

이제 착한 사람이 여러 가지 문제에 휘말려 고생한다는 사실을 잘 이해했으리라 믿는다. 앞서 머리말에서 나는 착한 것 역시 병이라 단언한 바 있다. 지금부터는 그 이유에 대해서 파헤쳐보겠다.

● chapter 04   어디서부터 마음의 병으로 볼 것인가

착한 것이 단순한 성격의 문제가 아니라 마음의 병이라 얘기
했으니, 어디부터 어디까지를 마음의 병으로 볼 것인가에 대
한 설명이 잠시 필요할 것 같다.

신체적인 병은 명확하다. 예를 들어 암은 세포가 암 덩어리
가 되느냐 마느냐로 판단할 수가 있다. 골절도 뼈가 부러져 있
는지 여부로 명확히 밝혀진다. 혈압이나 콜레스테롤의 수치가
지속적으로 변하는 것조차 일정한 수치를 정해 질병인지 아닌
지를 진단한다. 이 모든 증상은 기준을 정해두면 명확하게 진
단할 수 있다.

이에 반해 마음의 병, 예를 들면 우울증을 정의내리기란 쉽
지 않다. 누구든지 실연당하거나 상사에게 야단을 맞으면 우
울해질 수 있기 때문이다. 그 상태가 지속되면 화가 나고, 그것

이 심해지면 우울증으로 발전한다. 그리고 우울증이 심해지면 나 같은 인간은 차라리 없어지는 편이 낫다고 생각해 스스로 목숨을 끊기도 한다.

그렇다면 이 연속된 증상의 어디서부터를 '마음의 병'이라고 정의할 수 있을까? 혈압이나 콜레스테롤처럼 간단하게 수치로 잴 수 있는 것이 아닌데 말이다. 여러 가지 기준이 있겠지만, 나는 사회생활이나 가정생활에 지장이 생겨서 일상생활을 유지할 수 없을 정도가 되면, 마음의 병으로 본다.

문단속을 제대로 했는지 너무 신경 쓰인다

예를 들어 문단속을 제대로 했는지 늘 걱정이 된다는 사람이 있다. 집을 나설 때 문이 잠긴 걸 확인하고도 몇 번이나 손잡이를 돌려서 다시 확인한다. 분명 잠겼다는 것을 알고 있음에도 재차 확인한다. 매일 현관 앞에서 왔다갔다 하는 의식을 반복한 후에야 겨우 외출을 할 수 있다.

이는 불안감이 매우 강해서 몇 번을 확인해도 안심이 안 되기 때문이다. 물론 이 정도라면 외출 전에 약간 시간이 걸리긴 해도 마음의 병으로까지 보지 않는다. 가끔 전철을 놓쳐서 지각하는 정도이지 사회생활에 큰 지장은 없으니 말이다. 하지만 이런 증상이 심해진다면 어떨까? 회사에 출근해서도 문이 제대로 잠겼는지 신경 쓰여 견딜 수가 없다. 결국 안절부절 못하다가 업무를 방치하고 집에 가버린다. 이 정도면 실제로 업무에 지장이 생기므로 마음의 병이라고 볼 수 있을 것이다. 일명 '강박성 장애'라는 병이다.

우울해서 일상을 지탱하기 힘들다

그렇다면 우울증은 어떨까? 일하기가 힘들어서 휴직을 하면, 업무를 볼 수 없을 정도이니 당연히 병이다. 직장에서 실수가 지나치게 많거나, 기한을 자주 지키지 못했거나, 상사가 일을 맡기지 못한다고 치자. 그 원인이 주로 그 사람이 우울해서라면, 우울증으로 볼 수 있다. 집안일이나 육아를 하지 못하는 상태가 이어져 가정을 꾸리기가 어려워지면, 이 역시 우울증이다.

다만 우울증의 정의는 진단하는 의사에 따라 우울증이 되기도 하고, 되지 않기도 하므로, 판단이 명확하지 않다. 그래서 요즘에는 DSM-5(《정신질환 진단 통계 매뉴얼》 제5판)를 기준으로 잡고, 이 중에서 몇 가지에 해당하는지에 따라 우울증을 진단하는 것이 보통이다.

보통 우울증의 증상으로는 다음 아홉 가지를 꼽는다.

· 분노
· 흥미와 기쁨의 상실

- 식욕 부진 혹은 증가
- 수면 장애
- 운동 기능 저하
- 강한 초조함
- 피로와 기력 감퇴
- 강한 죄책감
- 집중력과 결단력 저하
- 죽음에 대한 생각

이때 우울증 진단 기준은 다섯 가지 이상이 같은 증세로 2주 동안 지속되는 것이며, '분노' 내지는 '흥미와 기쁨의 상실'을 반드시 포함하고 있어야 한다.

강박성 장애, 불안 장애, 식사 장애, 불면증, 해리성 장애(정체감, 기억, 의식, 환경에 대한 지각 등에 갑작스럽고 일시적인 이상이 생긴 상태-역주), 인격 장애, 정신분열증, 의사소통 장애 등 다른 정신 질환도 마찬가지로 진단할 수 있다.

필요할 때만 착한 건
가짜 착한 사람이다

착한 사람은 책을 읽고 착한 사람을 그만두기로 결심해도, 그렇게 쉽게 그만두지 못한다. 물론 개중에는 책 내용에 공감해서 착한 사람을 그만두려고 마음을 먹었더니, 곧바로 착한 사람을 그만두는 게 가능한 사람도 있다. 이는 그 사람이 자기가 속해있는 집단에서 착한 사람으로 지내는 편이 유리하거나 안전해서, 의식적으로 착한 사람인 척만 했기 때문이다. 예를 들면 상사의 마음에 들려고 착한 사람을 연기하거나, 모임에서 왕따를 당하지 않으려고 착한 사람을 연기하는 경우이다.

이들은 자신에게 필요한 사람에게만 착한 사람이 될 뿐, 모든 사람에게 착한 사람은 아니다. 그런 사람은 처음에는 착한 사람처럼 보이지만 교제하다 보면 점점 실체가 드러난다. 실은 진정한 착한 사람이 아니라, 그저 착한 사람을 연출하고 있는 '가짜 착한 사람'이라는 사실을 알게 된다. 환경이 바뀌어 더 이상 착한 사람일 필요가 없어지면, 착한 사람 역할을 간단히 버릴 수 있다.

그에 반해 이 책에서 다루고 있는 착한 사람은 그 사람의 성격에 '착함'이 뿌리 깊이 박혀있다. 만약 자신이 착한 사람이기 때문에 사는 것이 힘들다는 사실을 어렴풋이 깨달았는데, 설상가상 착한 사람을 그만두라는 내용의 책을 샀다고 치자. 이들은 책에 나온 대로 하면 편해진다는 사실을 알아도, 결코 착한 사람을 그만두지 못한다. 상사나 고참 언니들 앞에 서면 몸이 위축된다. 손바닥에 식은땀이 나고 심장이 두근거린다. '이 일은 맡을 수가 없어요'라고 도저히 말하지 못한다. 진짜 착한 사람은 그렇게 쉽게 포기하지 못한다. 문을 잠궜다는 것을 알고 있어도 몇 번이나 확인하는 것을 그만두지 못하는 것과 마찬가지다.

그래서 착하기 때문에 직장과 가정, 사생활에서 이러지도 저러지도 못하는 상태에 빠진다면, 착한 것은 그야말로 일종의 병인 셈이다. 1장에 나온 네 사람이 체력적으로 정신적으로 한계에 이르러 병원에 가면, 분명 우울증이라는 진단이 내려질 것이다. 증상으로 보면 우울증이 틀림없다. 그러나 네 사람을 우울증으로 내몬 것은 다름아닌 착한 사람이라는 병이다.

남을 괴롭히거나, 속이고 노예처럼 부려먹거나, 거짓말을 하거나, 남의 물건이나 돈을 가로채거나, 죄를 짓는 '나쁜 사람'은 분명 마음이 단단히 병든 것이다.

하지만 그와 정반대로 누구에게나 성실한 착한 사람을 두고 마음이 병들었다고 하면, 처음에는 '왜지?'라는 생각이 든다. 하지만 내가 그렇게 단언하는 이유는 좋든 나쁘든 극단적인 상태는 마음이 병들었다는 증거이기 때문이다. 그 이유를 살펴보자.

다운과 업의 양극단, 조울증

실의에 빠진 상태를 '우울증', 그 반대로 기분이 업된 상태를 '조증'이라고 한다. 우울증은 계속 우울하기만 하지만, 조울증

(양극성 장애)은 주기적으로 조 상태와 우울 상태를 반복한다.

우울증이 병이라는 것은 이해할 수 있다. 세상만사에 아무런 의욕도 없는 상태는 엄연한 병이다. 하지만 조 상태는 기분이 업된 상태이므로 '오히려 좋은 것이 아닌가?'라는 생각이 든다. 본인 역시 자신감에 차있어서, 우울할 때와는 달리 자신이 병들었다고 생각하지 않는다.

하지만 사실은 그렇지 않다. 우울한 상태에서는 '나는 구제불능이야'라는 생각에 빠진다. 이에 반해 조 상태에서는 '나는 굉장한 사람이야'라고 믿는다. 이러한 자기 확신으로 대담해져서 아파트나 자동차와 같은 고가의 물건을 사거나, 매일 인터넷 쇼핑몰에서 필요도 없는 물건을 이것저것 사들인다. 내고객 중에는 단시간에 손목 시계를 스무 개나 산 사람도 있었다. 매일 남편이 인터넷 쇼핑으로 산 물건이 택배로 집에 와서부인이 우울증에 걸린 사례도 있다.

또 말이 없던 사람이 갑자기 자기 자랑을 늘어놓기도 한다. 조 상태에 취해 무용담을 늘어놓는 것이다. 뿐만 아니라 우울 상태일 때 자신을 괴롭히던 상사나 마음에 들지 않는 동료와 싸움을 벌이기도 한다. 자신감이 없던 사람이 갑자기 대담해지기 때문에 상대방도 깜짝 놀라고 만다.

또 다른 내 고객은 정말 얌전한 사람이었지만, 조 상태에서는 고속도로에서 시속 200km로 오토바이를 타고 쌩쌩 달리는 것을 멈추지 못했다. 그는 그러면서 살아있다는 사실을 실감한다고 했다. 결벽증이 있던 사람이 매일 성매매업소에 드나들거나, 동료 여성에게 데이트 신청을 너무 과격하게 하다가 급기야 성희롱 문제로 발전하기도 한다.

잠자는 것이 아까워 하루에 서너 시간밖에 안 자면서 인터넷서핑이나 게임을 하고, 밤새 무언가를 만드는 등 여러 가지 활동에 열중하기도 한다. 같은 수면 장애이지만 우울증에서 겪는, 피곤해서 자고 싶은데 잠들지 못하는 상태와는 정반대의 증상이다.

직장에서는 여러 가지 일에 손대면서 일을 많이 한다고 느끼지만, 도리어 주의가 산만해져서 어느 것도 제대로 마무리가 안 된다. 호텔 뷔페에서 먹음직스러워 보이는 음식을 너무 많이 담아와서 거의 남기고 마는 것과 같다. 결국 상사 입장에서 보면 일을 하지 않는 것과 다를 바 없다.

조 상태인 사람은 곤란한 일만 만든다. 그러니 문제이다. 게다가 우울증인 사람과는 달리, 자신이 병들었다는 인식이 없어서 더 골치가 아프다. 당연히 카운슬링 따위를 받으러 오는 법이 없고, 업무에 지장을 초래해서 상사나 인사부에서 휴직을 권해도 쉬지 않는다.

우울 상태와 조 상태는 완전히 정반대이므로 어느 쪽이 더 낫고 어느 쪽이 더 나쁘다고 말할 수 없다. 둘 다 다른 의미에서 마음의 병을 앓고 있는 것이다.

거식과 과식의 양극단, 식사 장애

젊은 여성들 사이에서는 '식사 장애'라는 마음의 병을 흔히 볼 수 있다. 식사를 거의 하지 않는 거식증(신경성 무식욕증)인 사람과 폭식을 하는 과식증(신경성 과식증) 모두 식사 장애의 일종이다. 때로는 거식증과 과식증을 반복하는 사람도 있다.

젊은 여성에게는 마르고 싶다는 강한 희망이 있다. 대중 매체와 패션 잡지가 그런 희망을 부추긴 결과, 이들은 무리한 다이어트에 집착하게 된다. 거식증은 그 정도가 심해서 먹고 싶다는 욕망이 거의 사라지고 체중이 느는 것을 두려워하다가 지나치게 마르게 된다.

반면에 과식증은 먹으면 살찐다는 것을 알면서도 먹는 것을 그만두지 못한다. 먹지 않으면 불안해지기 때문이다. 예를 들어 연인과 헤어진 후 외로움 때문에 과식을 하거나, 심야에 정크푸드를 계속해서 먹는 경우가 이에 해당된다. 살찌지 않도록 입 안에 손가락을 넣어 먹은 음식을 토해내거나 설사로 배출해버리는 사람도 있다.

거식과 과식을 반복하는 사람은 체중도 급격히 변한다. 카운슬링을 하던 어느 여성은 거식 때는 38kg이다가 과식 때는 60kg을 넘는 것을 반복하곤 했다. 이 정도면 말랐을 때와 살

졌을 때 거의 같은 사람으로 보이지 않는다. 이렇게 적당히 먹고 적당한 체형을 유지하는 일이 거의 없이, 거식과 과식이라는 양극단인 상태 중 어느 하나를 유지한다면, 이는 명백한 마음의 병이다.

심각한 감정 기복, 경계성 성격 장애

'경계성 성격 장애'라는 것 또한 젊은 여성들 사이에 흔한 성격 장애다. 앞서 1장에서 이야기한 D씨의 연인 다미 씨가 이에 해당한다. 감정의 기복이 매우 심해서, 일단 화내기 시작하면 걷잡을 수가 없다. 대부분 상대방의 행동이나 말을 계기로 갑자기 돌변한다. 난데없이 비명을 지르거나 상대방에게 화풀이를 한다. 주먹을 휘두르거나 발길질을 하고 자칫하면 다미 씨처럼 부엌 칼을 들이대기까지 한다. 화가 나기 시작한 순간, 자신에게 화를 내게 만든 상대방이 너무 사랑하는 사람에서 너무 미워하는 사람으로 돌변해버리는 것이다. 이후 그 상대는 당분간은 미움받으며 곤욕을 치르게 된다.

어떤 사람이든 장단점이 있다. 누군가에 대해서도 좋은 점도 있지만 싫은 점도 있는, 그런 어중간한 상태를 유지하는 게 보통이다. 하지만 경계성 성격 장애인 사람은 중간 상태가 없고 굉장히 좋아하는 사람과 굉장히 싫어하는 사람으로 극단화된다.

100점 아니면 0점의 심리

이제 양극화된 상태는 마음의 병이 있기 때문이라는 사실을 이해했으리라 믿는다. 그렇다면 본격적으로 착한 사람에 대해 생각해보자. 착한 사람이라는 자체가 평범한 사람에 비해 극단적인 상태이다. 왜 그러냐면, 착한 사람은 모든 사람에게 좋은 사람 내지는 완벽한 사람을 추구하기 때문에, 업무상으로든 집안일에서든 100점 만점을 목표로 하기 때문이다.

학생 때 시험을 예로 들어 생각해보자. 대부분의 학생들이 100점을 받으려고 공부에 열을 올린다. 하지만 100점을 목표로 공부한다고 해도, 좀처럼 100점을 받기란 어렵다. 어지간히 노력해도 대부분 70점이나 80점 정도다. 나 같은 평범한 사람은 그 정도로도 만족하지만 착한 사람은 70점이나 80점을 받은 자신을 용납하지 못한다. 그리고 자신의 노력이 부족했다고 믿는다.

그래서 다음 시험에서는 100점을 목표로 더 열심히 공부한다. 그럼에도 70점이나 80점밖에 받지 못하는 결과가 이어지면 착한 사람도 별 수 없이 의욕을 잃고 만다. 그러면 갑자기 낙제점까지 떨어진다. 착한 사람에게는 100점이 아니면 0점과 마찬가지이기 때문이다. 이런 100점 아니면 0점의 심리는 착한 사람의 일상을 매우 피곤하게 만드는 주범이기도 하다.

쓰레기장 같은 집의 비밀

가끔씩 텔레비전에서 쓰레기장 같은 집을 취재할 때가 있다. 그런 더러운 곳에서 용케도 사람이 산다는 생각이 든다. 그 정도는 아니더라도 어떤 친구 집에 놀러가보면 방이 이리저리 어질러져 있어서 발 디딜 틈이 없을 때가 있다.

쓰레기장 같은 집과 한껏 어질러진 방의 주인은 강박성이 강하거나 ASD(자폐스펙트럼증)가 원인인 경우가 많다. 하지만 뜻밖에도 깨끗한 걸 좋아하는 착한 사람도 집을 쓰레기장처럼 만들기도 한다. 그리고 실은 쓰레기장 같은 집이나 어질러진 방을 보면서, 자신의 단점이라고 느끼며 마음의 부담을 안고 있다.

그렇다면 왜 이런 일이 벌어지는 걸까? 이 또한 앞서 살핀 양극단의 심리에서 이해하면 수수께끼가 풀린다. 착한 사람은 일단 청소를 하면 완벽해야 직성이 풀린다. 그래서 집은 손님이 올 예정이 없는데도 깨끗하다. 지나치게 깨끗해서 사람이 사는 것 같지가 않다.

이렇게 늘 완벽하게 청소하면 좋은 것 같지만, 반드시 그렇지만은 않다. 일이 너무 많아서 피곤하거나 주말에 친구와 만날 일이 생기면 완벽하게 청소할 수 없다. 그럴 때는 적당히 청소해두면 될 일이지만, 착한 사람의 사전에는 '적당히'라는 말이 없다. 그래서 완벽하게 할 수 없으면 청소를 연기한다.

그러다 보면 어느새 방은 마구 어질러져 있고 손도 대지 못하는 상태가 되고 만다. 그런 대책 안 서는 방을 보고 착한 사람은 깊은 한숨을 쉰다. 그리고 청소도 제대로 하지 못하는 자신을 향해 '역시 난 구제 불능이야'라고 책망한다. 적당히 청소하지 못하기 때문에 깨끗한 방이 마구 어질러지는 것이다.

의무로 일을 계속 한다 & 일을 좋아해서 계속 한다

착한 사람은 일도, 집안일도, 친구 관계도 완벽하게 하려고 노력한다. 착한 사람의 사전에 '적당히'라는 말은 없다고 했는데, 이와 반대로 '노력한다'와 '참는다'라는 말은 언제나 머릿속에 저장되어 있는 절대 명제다. 착한 사람은 직장에서도 기계처럼 계속 일하는 경우가 많다. 이른바 '일 중독자' 경향을 보인다. 그렇다고 잠자는 것도 식사 시간도 잊고 일하는 사람 모두가 일 중독자는 아니다. 당연히 일하는 것이 너무 즐거워서 일에 몰두하는 사람도 있다. 자기가 좋아서 일하는 사람은 아무리 바빠도 피곤한 줄 모른다. 이에 반해 일 중독자인 착한 사람이 가지는 차이점은 상사나 동료들에게 인정받으려고 의무적으로 일한다는 것이다. 그렇기 때문에 힘들고 피곤하다. 그리고 일을 안 하고 있으면 불안하다.

마치 술을 좋아하는 사람과 알코올 중독인 사람의 차이 같은 것이다. 술을 좋아하는 사람은 술 마시는 것을 즐긴다. 술맛도 좋아하지만, 친구와 이야기하는 것도 즐거워한다. 스스로 그날 마실 양을 조절할 수 있고, 다음 날 아침 일찍부터 중요한 회의가 있으면 술자리에 참석해도 술은 마시지 않을 수 있다.

그러나 알코올 중독인 사람은 사실은 즐거워서 술을 마시는 것이 아니다. 자신의 의식을 흐트러뜨려 싫은 일이 생각나지 않게 하려고 마신다. 그러므로 마시지 않는다는 선택지가 없다. 건강검진 결과, 간의 수치가 나빠서 술을 마시면 안 된다는 사실을 너무나 잘 알면서도 어쩔 수 없이 술잔에 손을 댄다. 내일은 중요한 회의가 있으니 오늘은 맥주 한 병만 마시자고 결심해도, 결국 의식이 몽롱해질 때까지 마시고 만다. 또한 친구와 즐겁게 마시는 것이 아니라, 술집 카운터나 자기 방에서 인생을 한탄하면서 마신다. 옛날 트로트나 발라드를 들으면서 말이다.

　착한 사람은 알코올 중독자가 술을 대하는 것처럼 강박성을 지닌다. 그래서 일을 하지 않으면 불안해서 견딜 수가 없다. 일을 예로 들었지만 집안일을 완벽하게 해내려는 것도, 친구 관계를 완벽하게 유지하려는 것도 모두 마찬가지다. 이러한 상황에 강박을 느끼며 완벽하게 하지 못하면 불안해지는 것이다.

착해지려는 노력을 포기했을 때

직장 업무와 집안일, 친구 관계까지 모두 완벽해야 한다는 것이 착한 사람들에게는 가장 커다란 의무이자 강박이다. 불안하기 때문에 착한 사람을 그만두지도 못하니, 어쩔 수 없이 착한 사람으로 살기 위해 끊임없이 노력한다. 그러나 살다 보면 수많은 역경과 고난이 찾아온다. 불공평한 일이 셀 수 없이 벌어진다. 대부분의 사람이 그러하듯이, 착한 사람 역시 그런 역경을 만나면 어떻게든 노력해서 극복하려고 한다.

하지만 아무리 애써도 어쩔 수 없는 지경에 몰리게 되면, 착한 사람은 갑자기 노력하는 것을 포기하고 구제 불능이라는 나락으로 떨어진다. 은둔형 외톨이가 되거나 우울증에 빠져버린다. 착한 사람이기를 포기한다는 것은 시속 100km의 제한 속도를 넘어 120km로 달리다가, 다시 속도를 줄여서 시속

100Km로 돌아온다는 의미가 아니다. 아예 0km의 속도로 멈춰 구제 불능인 사람이 된다는 뜻이다. 극에서 극으로 바뀌는 것이다.

연애도 극단적

카운슬링을 하다 보면 연애에 굉장히 노련한 여성을 자주 만난다. 한 여성은 중학교 2학년때 선배와 만남을 가진 뒤부터 동시에 여러 명의 남자를 만나는 삶을 이어왔다. 다른 여성은 몇 명의 유부남과 만남을 가지며 마음대로 휘두른다. 또 다른 여성은 결혼을 했지만 10년 이상 불륜을 저질렀다. 이야기만 들으면 대단해 보이지만 놀랍게도 이 세 명의 여성은 모두 주변에서 성실하고 얌전하다는 평판을 가진 지극히 평범한 사람들이었다. 아무도 그녀들의 이런 남성 편력을 상상하지 못한다.

또 한 가지 예를 소개하겠다. 내 고객이었던 I씨에게는 언니가 한 명 있었다. 그녀의 아버지는 지독하게 엄격하고 가부장적인 알코올 중독자였다. 그런 아버지의 영향 때문인지 I씨는 남성에 대한 불신이 심해서 30대 초반이지만 아직 남자와 사귄 적이 없다. 하지만 두 살 위인 언니는 중학교 3학년 때 같은 학년 남자아이와 성관계를 가진 후 끝도 없는 남성 편력을 자랑한다. 요즘에는 데이트 사이트에서 젊은 남자를 만나 항상 몇 명의 남자를 동시에 사귀고 있다. 지금까지 관계를 가진 남성은 셀 수 없을 정도다.

I씨 자매처럼, 착한 사람은 이성에 대해 두 가지 극단적인 입장을 취한다. 한쪽은 I씨처럼 거의 이성을 사귄 적이 없다. 이성을 만나는 것에 혐오감이나 불신을 가지기 때문이다. 반면에 다른 한쪽은 I씨의 언니처럼, 자유분방하게 이성과 사귄다. 일명 '연애 의존증'이다. 연애 의존증인 사람은 이성과 헤어져 혼자가 되는 것을 견디지 못해서 바로 아무 상대나 사귀기 시작한다. 그러다 멋진 이성을 만나면 그 사람을 버리고 다른 사람으로 갈아탄다. 이 사람 저 사람 사이를 계속 방황하는 것이다. 이렇게 아예 이성을 거들떠보려고 하지 않는 것도, 한꺼번에 여러 명의 이성과 사귀는 것도 모두 마음이 병들었다는 증거다.

밖에서는 착한 사람, 집에서는 나쁜 사람

착한 사람은 누구에게나 상냥한 사람이려고 노력한다. 그런 노력은 집에서도 마찬가지로 이어져서, 결혼을 하면 완벽한 아내이자 남편의 역할을 다하려고 한다. 하지만 착한 사람이 가지는 양극단의 심리 때문에, 때로는 밖에서의 모습과 집에서의 모습이 극단적으로 달라지는 경우가 발생하기도 한다.

사람은 누구나 안에서와 밖에서의 모습에 어느 정도 차이가 있다. 밖에서 있을 때는 긴장하거나 가면을 쓰고 살더라도, 집에 돌아오면 편안히 있고 싶어 하는 게 당연한 이치다. 적어도 집에서만큼은 어느 정도 긴장을 푸는 것이 건강에도 좋다. 그런데 이런 편안함이 극단적으로 표출되면, 집에서만큼은 '나쁜 사람'으로 돌변하게 된다.

그래서 밖에서는 분명 착한 사람이었는데, 집에 있을 때는 이기적으로 굴거나, 불평을 토로하고, 가족을 비난하기도 한다. 긴장의 끈이 완전히 풀려서 가족에 대한 배려를 전혀 하지 않는다. 심해지면 가정 폭력으로까지 발전하기도 한다.

J씨는 친구 소개로 남편인 에이타 씨를 만났다. 친구가 에이타 씨는 착하고 정말 성실한 사람이라고 추천해서 사귀기 시작한 것이다. 실제로 에이타 씨는 J씨를 늘 배려해주고 무엇이든 그녀가 하자는 대로 움직이는 듬직한 사람이었다. 별로 재밌는 사람은 아니었지만 결혼 상대로는 오히려 좋을 것 같았다.

그렇게 그들은 결혼에 이르렀는데, 결혼 후 시간이 조금 지나자 점차 J씨에 대한 태도가 변하기 시작했다. 지금까지 그녀의 의견에 찬성만 하던 그가 점점 명령조로 말하기 시작했다. 집에서 술을 자주 마셨고 그때마다 시비를 걸어왔다. 그러던 어느 날, 에이타 씨의 부서가 바뀌면서 엄격한 상사 때문에 스트레스를 받기 시작했다. 그러자 에이타 씨의 주량도 늘어났고, J씨에게 설교를 하기 시작했다. 그러던 어느 날, J씨의 말대꾸를 계기로 주먹이 날아왔고 그때부터 끔찍한 가정 폭력이 시작됐다. J씨는 그런 지옥 같은 생활을 2년 동안 버텼지만 이대로 가면 스스로 자멸할 것 같아, 이혼을 결심할 수밖에 없었다.

이 사례를 보면, 겉으로 보기엔 착한 사람이었던 에이타 씨가 결혼 후 가정 폭력이라는 극단적인 형태까지 이르게 됐다. 이렇듯 착한 사람은 빛 좋은 개살구처럼, 겉은 번지르르하지만 내면은 썩어가는 일이 많다.

지금까지 살펴본 여러 사례를 통해, 착한 사람들은 적당한 상태가 없이 극단적인 상태를 취한다는 것을 이해했을 것이다. 상태가 바뀔 때는 극단에서 극단으로 점프한다. 즉 100점에서 0점으로, 0점에서 100점으로 전환되는 것이다. 이를 도식화하면 113페이지에 나오는 그림 1과 같다.

그렇다면 굳이 '착한 사람이라는 병'에 병명을 붙인다면 뭐라고 해야 할까? 정신의학에서 보면, 성격에 극단적인 성향이 있어서 사회나 가정에서 적응하지 못하는 병을 '성격 장애'라 통칭한다. 그리고 DSM-5에서는 이를 열 가지 성격 장애로 분류하고 있다. 이 중에서 착한 사람이 도드라지게 보이는 특징을 연결지어 생각해보면, 의존적인 상태에 놓이는 '의존성 성격 장애'와 강박적으로 완벽함을 꾀하는 '강박성 성격 장애'에 해당한다고 볼 수 있다.

의존성 성격 장애란?

의존성 성격 장애는 남에게 지나치게 보살핌을 받으려는 욕구 때문에, 상대와 분리되는 것을 두려워하는 광범위한 증상을 가리킨다. 특히 다음 여덟 가지 증상 중 다섯 개 이상의 증상을 가지고 있다면 의존성 성격 장애로 진단한다.

- 남이 충분한 조언을 해주지 않으면 결정을 못 내린다
- 책임을 지기 위해서 다른 사람을 필요로 한다
- 남이 자신의 말에 찬성하지 않을 것이 두려워 반대 의견을 내놓지 못한다
- 스스로 무언가를 시작하지 못한다
- 남의 보호를 받기 위해 불쾌한 일도 감행한다
- 스스로를 보호할 수 없다는 거대한 공포로 인해 정신 불안 혹은 무력감에 빠진다
- 누군가와 친밀한 관계가 끝나면 과도하게 불안해지거나, 보호를 받을 수 있는 새로운 사람을 찾아낸다
- 보호받지 못하게 될 것이라는 비현실적인 공포에 사로잡혀 있다

강박성 성격 장애란?

강박성 성격 장애는 질서, 완벽주의, 정신 및 인간관계의 일관성에 사로잡혀 유연성과 개방성, 효율성이 부족해지는 광범위한 증상을 가리킨다. 진단 기준은 다음 여덟 가지 증상 중 네 개 이상의 증상을 보이는가로 판단한다.

· 규칙이나 순서의 세부 사항에까지 주의를 기울임으로써 행동의 초점을 잃는다
· 너무 꼼꼼하게 하다가 계획했던 기한에 맞추질 못한다
· 휴가는커녕 한숨 돌릴 여유도 없고, 시간을 허비하지 않도록 노력한다
· 규칙을 지키는 데 엄격해서 융통성이 없고, 자신의 잘못에도 비판적이다
· 의미없고 가치없는 잡동사니도 버리지 못한다
· 남에게 일을 맡기지 못한다
· 자신의 경제적인 수준보다 훨씬 낮은 생활 수준을 유지하고, 장차 어려워질지도 모른다는 생각에 최대한 절약한다
· 완고하고 타협하지 않는다

어떤 착한 사람은 이 두 가지 성격 장애를 다 가지고 있는 사람도 있다(그림 2). 사실은 '착한 사람이라는 병'에 딱 맞는 '착

그림 1 | 극단적인 상태는 병

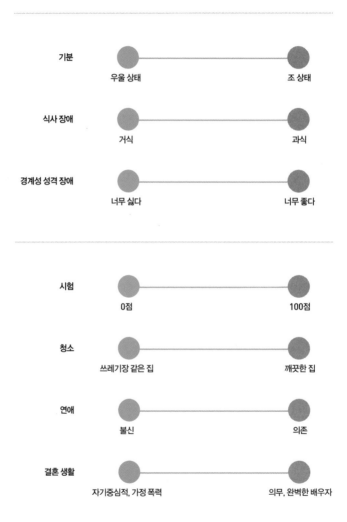

기분
우울 상태 ——————— 조 상태

식사 장애
거식 ——————— 과식

경계성 성격 장애
너무 싫다 ——————— 너무 좋다

시험
0점 ——————— 100점

청소
쓰레기장 같은 집 ——————— 깨끗한 집

연애
불신 ——————— 의존

결혼 생활
자기중심적, 가정 폭력 ——————— 의무, 완벽한 배우자

한 사람 성격 장애'를 정의하고 싶을 정도다. 여담이지만, 착한
사람을 괴롭히는 이기적인 사람은 주로 '자기애성 인격 장애'
를 가지고 있는 경우가 많다.

그림 2 | 의존성 성격 장애와 강박성 성격 장애의 관계

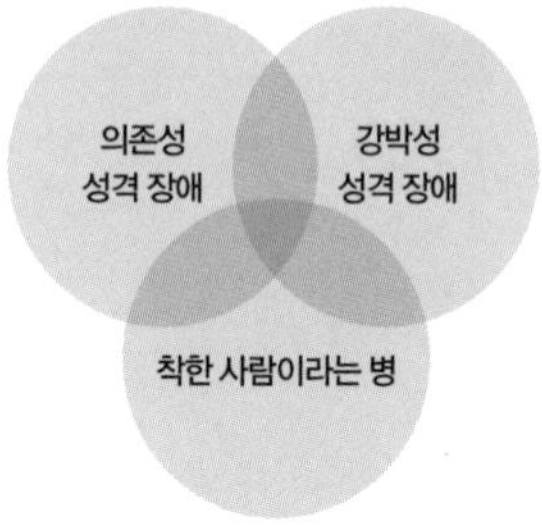

우울증에 걸리기 쉬운 성격은 따로 있다

여러 연구를 통해, '멜랑콜리 친화형 성격'과 '집착 성격'이 우
울증에 걸리기 쉬운 성격이라고 밝혀졌다.

'멜라콜리 친화형 성격'은 독일의 정신병리학자 텔렌바흐
가 제창한 것이다. 이 성격의 사람은 보수적이고 질서나 규칙
에 충실한 점이 특징이다. 또한 다른 사람에게 헌신적이고 남
에게 부탁받으면 거절하지 못하며 상대방과 대립하는 상황에
서는 스스로의 의지를 꺾는 경향이 있다. 근면, 성실, 책임감이
강한 점도 주요한 특징으로 들 수 있다.

'집착 성격'은 일본의 정신과의사 시모다 미쯔조가 제창한 것이다. 근면 성실하고, 책임감과 정의감이 강하며, 고집스럽고, 일에 열심이라는 특징이 있다. 집착 성격인 사람은 대충, 얼렁뚱땅 넘어가는 것을 싫어해서 뭐든지 철저히 하지 않으면 직성이 안 풀린다.

이러한 특징들은 대부분 착한 사람의 성격 그대로이다. 그래서 착한 사람은 우울증에 걸리기 쉬운 성격이기도 하다(그림 3). 그리고 앞서 살펴본 바로 이런 이유들 때문에 착한 것이 병이라 말할 수 있는 것이다.

그림 3 | 멜랑콜리 친화형 성격 & 집착 성격과의 관계

앞서 1부에서 우리는 착한 사람들이 어떤 특징을 보이고 어떤 문제에 휘말려 삶
이 피곤해지는지를 살펴보았다. 안타깝게도 착한 사람은 어느 누구의 미움도
받지 않고 모두의 인정을 받고 싶어한다. 그래서 언제나 주변에 맞추다 보니 몸
과 마음이 피곤하기 그지없다. 그 정도가 심해 인간관계나 일상생활에 어려움
이 따른다면, 착한 것은 단순한 성격이 아니라 확실한 마음의 병이다. 착한 사람
을 그만두려면 바로 이 부분을 인지하는 데서 출발해야 한다.

이제 2부에서는 이 마음의 병을 어떻게 치유할 수 있을지 그 방법에 대해 이야
기해보도록 하겠다. 스스로가 자기 삶의 주인공이 되어 결정하고 표현하는 법
을 알게 될 때, 비로소 답답한 가면을 벗고 진정한 행복을 느낄 수 있을 것이다.

2

이기적인 사람에게 우아하게 복수하는 법

05

착한 사람 네 명, 그 후에 어떻게 됐을까?

이제 해결책 편에서는 어떻게 해야 착한 사람을 그만두고 행복한 삶을 살 수 있을지 생각해볼 예정이다. 우선 5장에서는 네 명의 착한 사람 그 후의 이야기를 들려주고자 한다.

직장에서도 연인에게도 이용만 당하는 A씨의 그 후

A씨는 친구 소개로 내가 운영하는 카운슬링 센터를 방문했다. 처음에는 딱할 정도로 완전히 지쳐있었다. 그녀는 아주 힘겹게 컨디션이 나빠진 경위와 유년 시절의 이야기를 나에게 들려주었다.

카운슬링을 하다 보면 자기 자신과 자연스럽게 마주하게 된다. 그리고 자신의 성격이 스스로 스트레스를 불러일으켜서 몸과 마음을 지치게 만든다는 사실을 깨닫게 된다.

나는 늘 긴장하는 A씨의 성향을 고려해서, 복식 호흡과 자율 신경 훈련법(교감 신경 우위를 부교감 신경 우위로 전환하는 자기 암시법)을 가르쳐주고 마음을 편안히 가질 수 있도록 처방했다. 그리고 6장에서 소개할 '80% 모드로 살아가는 방법'을 설명하자, 그녀는 지금까지 앞만 보고 살아왔던 생활 방식을 되돌아보게 되었고, 문제를 하나씩 해결해나가기로 했다.

우선 컨디션이 나쁜 날에는 무리하지 않고 회사를 쉬기로 했다. 그리고 상사에게 컨디션이 나쁘다고 이야기를 하고 업무를 줄여달라고 강하게 요청했다. 처음으로 자신을 위해 제대로 된 의견을 낸 데다가, 그것을 상사가 들어주니 마음이 놓였다.

아직도 귀가 시간은 늦었지만, 조금씩이나마 마음의 여유가 찾아왔다. 그리고 이 무렵부터 현기증과 두통 증세가 가벼워졌다. 스트레스가 줄어드니 자율 신경 기능 이상 증상이 사라진 것이다. 그 후에 휴직했던 직원이 무사히 복귀한 뒤로는 일이 훨씬 편해졌다. '오늘 할 수 있는 일은 오늘 한다'에서 '내일 해도 되는 일은 내일로 미룬다'로 생각을 바꾸고, 늦어도 8시까지는 귀가했다. 조금씩 '노력한다, 참는다'에서 '적당히, 슬슬, 대충'으로 전환해나갔다.

A씨는 회사에 다니면서부터 계속 혼자 살아왔기 때문에 스스로는 독립했다고 생각하고 있었다. 하지만 이번 일을 겪으면서 아직도 혼자서는 아무것도 결정하지 못하고 어머니나 친구들, 연인에게 의존하고 있다는 사실을 깨달았다. 그리고 혼자 있는 외로움을 달래기 위해 늘 누군가와 사귀려고 했다는 사실을 이해했다. 카운슬링에서 마코토 씨의 이야기를 하다 보니, 그에게 이용당하고 있다는 사실에 화가 난다고 했다. 상담이 이어질수록 그녀는 더 이상 누군가에게 의존할 필요가

없다는 깨달음을 얻었고, 마침내 마코토 씨에게 이야기해서 집에서 내보내는 일을 실행하기로 했다. 마코토 씨는 A씨에게 지금껏 신세를 졌으면서도 불평만 늘어놓다가 집을 나갔다. 이런 사람을 좋아했다니 한심하기 그지없었지만, 그래도 금방이라도 날아갈 듯 마음이 편해졌다.

그때까지 A씨는 어머니나 언니, 친구들의 의견에 따라 살아왔다. 옷 하나 살 때도 혼자서는 결정을 못했고, 사고 나서도 정말로 잘 산 건지 계속 신경이 쓰였다. '왜 나는 이렇게 우유부단한 것일까'라고 궁금했는데, 자신감이 없어서였음을 깨달았다. 이 무렵부터 A씨는 자신이 변하기 시작한 것을 느꼈다. 옷을 살 때도 전만큼 고민하지 않았다. 혼자서 웹 카메라를 샀고, PC에 프로그램을 설치해서 친구와 화상 채팅을 할 수 있게 세팅했다. 혼자서 뭔가를 해내니 기뻤다. 그리고 아주 조금씩 자립하기 시작했다. 꽃을 사서 방을 장식했고, 작은 행복을 느꼈다. 메이크업 교실과 요가 학원도 다니기 시작했다. 스스로를 소중히 여긴 결과였다.

회사에서도 조금씩 자신의 의견을 말하기 시작했다. 그때까지는 일하다가 문제가 생기면 그냥 참고 어떻게든 넘어가려고 했지만, 이제는 의사소통을 통해 동료와 함께 일하는 소중함을 깨달았다. 무엇보다 함께 일하는 것 자체가 즐거워졌다. 그리고 남자친구가 없는 혼자만의 생활을 즐기기 시작하니 정신적으로도 안정되었다. 지금까지는 무슨 일만 있으면 바로 어머니나 언니, 친구들에게 의논했지만 이제는 스스로 결정할 수 있었다.

그러던 어느 날, 10년 이상 만나지 않았던 친아버지를 만나고 싶다는 생각이 들었다. 아버지는 정년퇴직하고 늘 겉돌았던 도쿄를 떠나 고향인 큐슈로 돌아가 살고 있었다. 언니는 결혼해서 아이가 생기자, 손주 얼굴을 보여주기 위해 매년 아버지를 찾아갔었다. 혼자 가기 쑥스러웠던 A씨는 언니와 함께 아버지를 만나러 갔다. 아버지는 이혼의 원인이었던 여덟 살 연하의 여성과 함께 살고 있었다. 12년 만에 만난 아버지는 아직 예순네 살밖에 안 되었는데 할아버지처럼 보였다. 나이 든 아버지는 더 이상 과거의 분노 대상이 아니었다. 계속 아버지에게 버림받은 어머니가 가엽다고 생각했지만 친자식과 헤어져 둘이서 단촐하게 살고 있는 아버지도 가엽게 느껴졌다. 그리고 역시 나이를 먹었을 때 자식이 없으면 외로울 수 있으니 결혼해서 자식을 낳고 싶다는 생각도 들었다. 부모의 이혼이 계속 트라우마가 되어 아버지를 미워했지만, 실제로 만나 보니 어느 정도 용서하는 마음이 생겼다. 도쿄에 돌아온 후에는 어머니와 재혼한 새아버지를 받아들일 수 있었다. 자신에 대한 애정이 늘어서 '나는 행복한 사람'이라는 생각마저 들었다.

이제 혼자서도 잘 할 수 있다는 확신을 가지게 되었고, 그렇게 카운슬링이 무사히 마무리 되었다. 그로부터 2년 후에 예전부터 사귀고 있던 남성과 결혼하게 되었다는 메시지가 왔다. 또 3년 후에는 아기가 태어났다는 소식도 들렸다. 불임 치료로 낳았다고 한다. 그 후로도 가끔씩 메시지가 오는데 여전히 씩씩하게 잘 살고 있는 것 같다.

부장님과 부하 사이에 껴버린 B씨의 그 후

B씨가 며칠 쉬고 회사에 복귀하자 부장님이 심료 내과(내과성 증상과 관련되어 나타나는 신경증이나 심신증을 치료 대상으로 하는 진료 과목-역주) 치료를 받아볼 것을 추천했다. 인정하고 싶지는 않지만, 뭔가 심상치 않은 병이 그의 심신을 갉아먹고 있음은 부인할 수 없었다. 다음 달 진료를 받아보니 '우울증'이라는 진단이 나왔다. 그것도 증세가 아주 심해서 바로 휴직을 권고받았다. 부장님에게 휴직하겠다고 알리니 "할 일을 눈앞에 두고 도망칠 생각인가?"라는 호통이 돌아왔지만, 아무리 야단을 맞아도 더 이상 일할 기력이 없었다.

결국 B씨는 휴직을 허가받았다. 다른 과장에게 인수인계를 마치고 휴가에 들어가자 B씨는 죽은 사람처럼 잠만 잤다. 긴장의 끈이 풀린 것처럼 아무것도 하고 싶지 않았다. 목욕도 하기 싫고 양치질조차 귀찮았다. 하루에 한 번, 편의점에 도시락을 사러 갈 때가 유일하게 집 밖을 나서는 시간이었다. 석 달이

지나자 점점 몸의 피로가 풀렸다. 하지만 우울증 약을 먹는데도 기분은 나아지지 않았다. 오히려 나 같은 건 이 세상에서 사라지는 게 낫다는 생각만 자꾸 들었다. 그 후로도 약물 치료를 계속했지만 우울증이 개선되지 않자, 인터넷으로 내가 운영하는 카운슬링 센터를 검색해서 찾아왔다.

내가 B씨에게 왜 우울증에 걸린 것 같냐고 묻자, B씨는 상사와 부하 사이에 끼어 죽도록 힘들었기 때문이라고 말했다. 그런데도 착한 B씨는 부장님이나 부하가 나쁜 것이 아니라, 자신의 능력이 부족했기 때문이라고 덧붙였다. 하지만 카운슬링을 통해 자신의 기분을 정리해가기 시작하자, 자신의 이야기를 전혀 들어주지 않았던 부장님과 일에 전혀 책임감이 없는 팀원에게 의문을 가지기 시작했다. 사실은 부장님과 팀원이 나빴던 거라고….

그러던 어느 날 밤, B씨는 상사와 팀원에게 화가 나서 견딜수가 없었다. 무의식적으로 억누르고 있던 분노가 의식의 수면 위로 떠오른 것이다. 그때까지 거의 화낸 적이 없던 B씨는 자신이 정신적으로 어떻게 된 것은 아닐까 하고 당황해서 나를 찾아왔다. 내가 분노는 곧 수그러들테니 걱정하지 않아도 된다고 하니 일단 안심하는 눈치였다. 그 후로도 계속 화는 났지만 3주 정도 지나자 분노가 어느 정도 수그러들었다. 그 무렵부터 우울증도 차츰 개선되기 시작했다.

착한 사람 네 명, 그 후에 어떻게 됐을까?

B씨는 팀원을 관리하는 일이 적성에 맞지 않는다고 느끼기 시작했다. 원래도 자신은 프로그램을 만드는 것을 더 좋아했다. 그래서 복직 시에는 인사부에 연락해 팀장에서 엔지니어로 강등을 요청했다. 회사에서는 강등 인사가 처음 있는 사례였지만, 그가 원하는 대로 허락해주었다. 그리고 우울증에 걸린 원인이 주로 직장의 인간관계에 있다는 점을 감안해서, 다른 부서로 복직하도록 배려해주었다. 또한 시험 출근 제도를 도입해, 근무 시간을 4시간부터 서서히 늘려 적응할 수 있도록 했다. B씨는 조금씩 새로운 일과 동료들에 익숙해졌다. 오랜만에 프로그램을 만드니 기뻤다. 이번 상사는 엔지니어 출신이라 조금 까다롭기는 해도 불합리한 점은 없어서 어떻게든 해나갈 수 있을 것 같았다.

새로운 부서에서 조금씩 바빠지기 시작한 무렵이었다. 밤에 방에 혼자 있자니 초등학교 때 어머니와 둘이서 자고 있던 때가 떠올라 울적한 마음이 들었다. 그리고 그 며칠 후에는 아버지가 이혼한다고 해서 충격을 받았던 기억이 되살아났다. 봉인되었던 과거 기억의 뚜껑이 열리기 시작한 것이다.

B씨는 갑자기 어머니에 대해 알고 싶어졌다. 그리고 타지에서 일하고 있는 네 살 위의 형에게 어머니에 대해 물어보러 갔다. 형은 어머니에 대해 별로 좋은 인상을 가지고 있지 않았다. 어머니는 언제나 화만 냈고, 형도 B씨도 혼나지 않으려고 늘

조심했다고 한다. 또 어머니는 아버지나 다른 사람 흉을 보기 일쑤였다. B씨가 초등학교 5학년 때 어머니는 여관에서 아르바이트를 시작했는데 거기에서 알게 된 남자와 바람이 났다고 했다. 그 후 어머니에게서 이혼 서류가 날아오자 아버지가 도장을 찍고 이혼을 했다. 형도 그간 어머니를 만난 적이 없다면서, 아버지는 아마 사는 곳을 알지 않겠냐고 했다. 어머니를 만나고 싶은 마음도 있었지만, 아버지에게 물어서는 안 된다는 생각이 들어, 그 마음을 다시 억눌렀다.

어느 날 밤, 상사의 일관되지 않은 언행에 분노를 느끼고 있는데, 상사의 이미지가 어머니로 바뀌었다. 어렸을 때 원격 조정 자동차가 가지고 싶어서 세뱃돈을 모았다. 충분히 살 수 있었는데 어머니가 그 돈을 써버려서 살 수 없었던 기억이 떠올랐다. 어머니에게 속지 않겠다는 강한 분노는 얼마 지나지 않아 깊은 슬픔으로 바뀌었다. 그리고 유치원 때 어머니가 집에서 나가려는 것을 보고 매달려서 울었던 기억이 되살아났다. 그때부터 B씨는 일이 끝나고 밤에 혼자가 되면 계속해서 눈물이 났다. '나는 외톨이야'라는 강한 고독감이 몰려왔다. 하지만 한편으론 오히려 안심이 되었다. 지금까지 이 고독감을 느끼고 싶지 않아서 계속 기억의 문을 닫고 있었다는 사실을 깨달았다.

이 시기의 카운슬링에서는 대화 없이 침묵만 이어졌다. B씨에게는 이 침묵이 그 어느 때보다 편안한 시간이었다. 이윽고 서서히 고독감에서 해방되었고, 지금까지 느낀 적 없던 행복감과 기쁨을 느낄 수 있었다. 잃었던 기억도 조금씩 회복되었다.

이 무렵부터 B씨는 회사 동료나 학생 때 친구들과 다시 만나기 시작했다. 사람들과 교류함으로써 마음이 안정된다는 사실을 깨닫게 된 것이다. 무리해서 여자를 사귈 생각은 아직 없지만, 장차 마음이 맞는 사람을 만나면 가정을 이뤄도 될 것 같다며 웃었다. 이제는 B씨 혼자서 헤쳐나갈 수 있다고 판단해서 카운슬링을 마무리할 수 있었다.

배우자에게 지나치게 의존하는 C씨의 그 후

멕시코 지사로 부임했다가 잠시 귀국해 들어온 C씨의 남편 다쿠야 씨는 달라진 그녀의 모습에 깜짝 놀랐다. 우선 집안이 엉망진창이었다. C씨의 표정에서 생기가 사라졌고 한눈에 알아볼 만큼 여위었다. 다쿠야 씨는 그제야 사태의 심각성을 깨달았다. 다음 날 회사를 쉬고, C씨를 종합병원에 데리고 갔다. 내과에서 증상을 설명하자 바로 정신과로 보내졌고, 우울증이라는 진단이 났다. 더 빨리 진찰을 받았어야 했다.

다쿠야 씨는 회사에 사정을 알리고 일정을 앞당겨 반 년 후에 귀국했다. 그런데 C씨는 다쿠야 씨가 귀국하자 더 우울해졌다. 혼자서 어떻게든 헤쳐나가야 한다는 긴장에서 해방되었기 때문이다. 다쿠야 씨에게 울면서 "나는 살아있을 가치가 없어. 아이들한테 미안해서 죽고 싶어."라는 말을 반복했다. 의사는 당분간 쉴 것을 권했다. 하지만 주부라는 일의 특성상 하루도 제대로 쉴 수가 없었다. 다쿠야 씨도 C씨를 걱정해서 주말에는 아이들과 청소를 하거나 외식을 하러 가곤 했지만, 평일에는 여전히 심야가 되어서나 귀가했다.

다쿠야 씨는 병은 의사가 고치는 거라고 생각하고 있었다. 그러다 보니 C씨의 우울증은 조금도 호전되지 않았고, '죽고 싶다'는 말만 반복했다. 누워있는 시간이 더 늘어서 이제는 가정생활이 붕괴될 지경이었다. 결국 다쿠야 씨도 병원에 다니는 것만으로는 효과가 없다는 것을 인정할 수밖에 없었고, 인터넷에 검색해서 내가 운영하는 카운슬링 센터에 C씨를 데리고 왔다.

카운슬링에서 내가 착한 사람에 대해 설명하자, C씨는 자신이 바로 착한 사람이라는 사실을 깨달았다. 자기효능감이 낮고, 무엇이든 완벽하게 하려고 하고, 누구에게나 인정받으려고 노력해왔다는 사실을 알아차렸다. 그리고 그런 성격이 자신을 우울증으로 몰고 갔다는 사실도 이해했다.

지금까지는 자신을 책망만 했지만, 카운슬링을 통해 가능하면 자기 자신을 비난하지 않으려고 노력했다. 조금씩 자기 자신을 수용하기 시작한 것이다. 그리고 뭐든지 '완벽'이 아니라, '그럭저럭, 슬슬, 적당히'로 만족하려고 했다.

C씨는 그때까지 누구에게나 착한 사람이었다. 그러나 누구에게도 본심을 털어놓은 적이 없었기 때문에, 친구가 많은 것처럼 보여도 진정한 친구는 없었다. 자기 본심을 말하면 상대방이 싫어할 것이라고 생각했기 때문이다. 그런데 우연히 한 친구에게 약한 모습을 보였더니, 상대방도 자신의 약한 점을 솔직히 보여주었다. 태어나서 처음으로 무엇이든 말할 수 있는 친구가 생긴 것이다. 이런 경험을 하고 나니, 남편인 다쿠야 씨에게도 조금씩 자신의 괴로운 심정을 말할 수 있게 되었다. 다쿠야 씨는 그때까지도 우울증은 게을러서 생기는 병 혹은 이기적인 병이라고 치부했지만, 그녀와의 대화를 통해 그게 아니라는 사실을 처음으로 이해하게 되었다.

C씨는 자신의 감정을 나타내는 일은 부끄러운 일이라 여기고, 자신의 감정을 감추고 살아왔다. 그러나 내 설명을 듣고 솔직하게 감정을 나타내는 것이 얼마나 중요한 일인지 이해했다. 그러자 조금씩 분노의 감정을 느끼기 시작했다.

어느 날 밤, 다쿠야 씨의 귀가를 기다리고 있을 때였다. 갑자기 다쿠야 씨에 대한 엄청난 분노가 복받쳐왔다. 결혼 후에 다쿠야 씨가 집안일을 돌보지 않고 자기 마음대로 살아온 일들이 주마등처럼 스쳐 지나갔다. 아무리 시간이 지나도 분노는 진정이 되지 않았고, 잠도 오지 않았다. 그러다가 심야에 술에 취해 귀가한 다쿠야 씨와 크게 다투었다.

다쿠야 씨는 지금까지 얌전했던 C씨가 불같이 화를 내는 것을 보고 너무 놀랐다. 카운슬링에서 그 이야기를 듣고 '다쿠야 씨에게 분노를 느끼는 것은 매우 중요하지만, 그 분노를 다쿠야 씨에게 무작정 쏟아 부으면 부부 사이가 나빠지므로, 분노를 해소하는 다른 방법을 찾아보라'고 지도했다. 그 후로 C씨 혼자서 분노를 해소하려고 노력했지만, 분노는 점점 더 커져서 걸핏하면 눈물이 나곤 했다. 함께 있으면 분노가 조절이 안되어 몇 번이나 크게 다투는 일이 이어졌다.

그러나 이러한 C씨의 변화는 다쿠야 씨의 심경에 변화를 일으켰다. 다쿠야 씨는 C씨와 16년이나 같이 살았지만, 최근 싸움을 하기 전까지 C씨의 마음을 전혀 이해하지 못했다는 사실을 깨달았다. 그러자 처음으로 C씨에게 정말로 미안한 생각이 들었다. 이때부터 다쿠야 씨는 적극적으로 집안일에 참여했고, 아이들에게도 집안일을 분담해서 어머니를 돕도록 했다. C씨의 분노는 석 달 정도 이어졌지만, 이런 다쿠야 씨의 모습을 보면서 진정되기 시작했다. 그 후로 C씨와 다쿠야 씨의 관계는 더 좋아졌다. C씨가 그저 참기만 하는 구도가 아니라 서로 배려를 하게 된 것이다.

얼마 후 컨디션이 점점 좋아져서 조금씩 집안일을 할 수 있게 되었다. 집안일을 완벽하게 하는 게 아니라 적당히 하는 방법을 배워나갔다. 스스로를 책망하는 일이 줄어들자 살아가는 것이 편해졌다.

그러던 어느 날, C씨는 친정에 갔다가 사소한 일로 어머니와 다투었다. 그 후로 어머니에 대한 분노가 솟구쳤다. 유년기 기억이 되살아났기 때문이다. 하나같이 괴로운 기억뿐이었고, 어머니가 자신을 받아들여준 기억은 전혀 없었다. 드디어 어머니로부터 사랑받지 못했다는 사실을 깨달았다. 계속 그 사실을 받아들이는 것이 괴로워서 무의식적으로 억압하고, 보지 않으려고 해왔던 것이다.

지금까지 그녀는 어머니에게 어떻게든 사랑받고 싶어서 열심히 공부를 했고, "너는 도움이 되는 아이야."라는 어머니의 한마디를 좌우명처럼 마음에 새기고 살아왔었다. 계속 남에게 도움이 되는 착한 사람을 연기해왔던 것이다. 하지만 이젠 착한 사람을 포기하고 졸업해도 된다는 생각이 들었다. 바보처럼 살았다고 생각하게 되면서, 조금씩 어머니에 대한 분노도 수그러들었다. 그렇게밖에 아이들을 대할 수 없었던 어머니가 가엽게 느껴지기까지 했다. 앞으로도 어려운 일이 있을지도 모르지만, 다쿠야 씨와 힘을 모아 살아가기로 하고 카운슬링을 마무리했다.

여자친구와 헤어지지 못하는 D씨의 그 후

다미 씨가 자살하겠다고 한바탕 소동이 일어난 다음 일요일이었다. 다미 씨가 친구와 놀러나가고 D씨는 혼자서 쉬고 있었다. 그런데 갑자기 심장이 두근거리고 식은땀이 나왔다. 이러다 죽는 게 아닌가 하는 강렬한 불안감을 느꼈다. 그때는 다행이 증상이 수그러들었지만, 얼마 뒤 전철을 탔을 때 다시 심장이 두근거리고 공포가 엄습해왔다. 병원에 가볼까도 생각해봤지만, 이 기회에 다미 씨와의 관계도 상담받고 싶어서 내 카운슬링 센터를 찾아오게 됐다.

카운슬링에서 D씨는 다미 씨와의 생활에서 오는 고충에 대해 계속해서 호소했다. 그러면서 다미 씨와 헤어지고 후배인 도모코 씨와 사귀고 싶다고 진지하게 말했다. 그러나 그 다음 카운슬링에서는 아무래도 다미 씨와 헤어질 수 없다고 이야기가 바뀌었고, 또 그 다음번에는 다시 헤어지고 싶다며 올 때마다 말이 바뀌었다. 착한 사람의 우유부단함 때문에 결정을 못하는 상황이었다.

그러던 중 다미 씨가 유산을 하는 사건이 발생했다. 다미 씨는 D씨가 스트레스를 줘서 유산했다고 그를 원망하면서 책임지고 결혼하자고 요구했다. D씨는 헤어질지 말지가 아니라, 이번에는 결혼할지 말지로 고민하게 되었다.

언제까지 기다려도 결단을 못 내리는 D씨에게 다미 씨의 분노는 커져만 갔다. 그리고 분노가 폭발해서 또다시 식칼을 들이댔고, 이에 놀란 D씨가 발작을 일으켜 구급차로 병원에 실려갔다. 이번 발작의 영향이 컸는지, D씨는 카운슬링에서 '역시 헤어지고 싶다'며 창백한 얼굴로 호소했다. 죽음을 의식하고 드디어 헤어질 결심이 선 것이다.

그래서 헤어지는 방법에 대해 D씨와 의논했다. D씨는 새 아파트를 빌려 다미 씨가 없을 때 아파트에서 짐을 옮기는 작업을 펼쳤다. 그 후 이별의 메시지를 보내고 그 시점에서 메시지, 이메일, 전화 등 다미 씨와의 통신 수단을 모두 차단했다. D씨는 다미 씨에 대한 죄책감과 그녀가 회사까지 와서 공격하면 어쩌나 하는 불안감에 떨었다. 어둠 속을 혼자 걸을 때는 뒤가 신경 쓰일 정도였다. 출퇴근할 때 그녀가 숨어서 기다리고 있지 않을까 두려웠다. 하지만 아무 일도 일어나지 않았고, 무사히 다미 씨와 헤어질 수 있었다.

이제 카운슬링은 다미 씨와 헤어지고 싶은데 2년이나 질질 끌어온 이유를 찾는 방향으로 진행됐다. 물론 다미 씨가 정서적으로 불안했던 탓도 있었지만, 자신의 우유부단한 성격도 큰 원인이었음을 깨닫기 시작했다. 카운슬링을 하면서 유년 시절의 이야기를 듣는 가운데, 그 우유부단함의 바탕에 스스로에 대한 강한 열등감이 있다는 사실을 알 수 있었다.

다미 씨와 헤어지고 반 년 정도 지났다. 중요한 업무가 일단 락 지어져서 한숨 돌리고 있을 때의 일이었다. 갑자기 자신의 오감이 달라졌다는 사실을 깨달았다. 그것은 지금까지 회색으로 보였던 경치가 갑자기 컬러로 보이는 듯한 느낌이었다. 공원에 핀 꽃 냄새를 맡고 좋은 향기라고 느꼈다. 혼자서 커피를 마셔도 어제와 달리 맛이 느껴졌다. 그리고 자신은 구제 불능일지도 모르지만, 지금의 자신으로 살아도 괜찮다는 생각이 들었다. 그것은 매우 편안한 느낌이었다.

그때까지는 자신의 과거에 대해 생각하는 일이 거의 없었다. 일부러 피해왔는지도 모른다. 그런데 자신의 과거 기억이 주마등처럼 떠오른 순간, 그 모두가 그리워졌다. 그때부터 무언가를 하기 때문에 즐거운 것이 아니라, 아무것도 하지 않아도 즐겁다는 생각이 들었다.

이런 심경의 변화는 직장에서도 사생활에도 영향을 끼쳤다. 직장에서는 더 이상 남에게 신경을 쓰지 않게 되었다. 변함없이 일은 열심히 했지만 어깨의 힘을 뺐다. 다미 씨와의 만남 이후 여자와 사귀는 것이 트라우마로 남았었지만, 그런 공포가 수그러들었다. 일 년 이상 공백 기간을 가진 후에 도모코 씨와 정식으로 사귀기 시작했다. 이렇게 D씨는 착한 사람을 포기하고 자유로워진 것을 실감하며 카운슬링을 종결지었다.

자, 지금까지 네 명의 착한 사람 그 후의 이야기를 소개했다.

네 명 다 자기 성찰을 통해 스스로의 문제점을 깨닫고 착한 사람을 그만둘 수 있었다. 그러면 어떻게 이 네 명은 착한 사람을 졸업할 수 있었을까? 착한 사람을 그만두려면 어떻게 해야 좋을지 다음 장에서 자세히 살펴보도록 하자.

06

이기적인 사람에게 우아하게 복수하는 일곱 가지 방법

지금까지 관찰한 네 명의 착한 사람은 문제에 봉착했기 때문에 착한 사람으로서의 삶을 졸업하고 자립된 사람으로 변신할 수 있었다. 누구나 이런 전화위복의 계기를 만들 수 있다. 그렇다면 착한 사람을 그만두려면 어떻게 해야 할까?

우아하게 복수하기 위해
꼭 알아야 할 것

착한 사람은 카멜레온처럼 보호색을 지니고 주위에 맞추면서 조용히 살아간다. '별 탈 없이 지내는 것'이 착한 사람에게 가장 중요한 과제인 셈이다. 그렇게 살기 위해서 자신의 인생인데 늘 남에게 양보하고, 주연을 빛나게 하는 조연을 연기해왔다. 하지만 그런 인생으로 살아온 것에 과연 만족할 수 있을까? 다른 사람의 기분을 살피기 위해 전전긍긍하고 자신을 위해서는 한 번도 살아본 적이 없는데 말이다.

자기 인생의 주인공은 자기 자신이어야 한다. 자신이 각본을 쓰고 주연을 연기해야 한다. 이를 위해서는 착한 사람을 속박했던 여러 강박과 끝없이 이어지는 규칙으로부터 자유로워져야 한다. 그리고 착한 사람을 착취해온 사람들로부터 자유로워져야 한다.

스스로 생각해서 살아갈 준비를 한다

자기 인생의 자유를 얻는다는 것은 자신의 인생에 책임을 진다는 것이다. 오랫동안 다른 사람에게 양보했던 '자기 호'라는 배의 조종석에 앉아 제대로 항로를 끌고 나아가야 한다는 의미이다. 자신이라는 돛단배를 제대로 펼치고 시대의 바람을 맞으며 앞으로 나아가자. 내가 선장이고 이 배의 주인이다. 더 이상 다른 선원의 눈치를 살피거나 머뭇거릴 필요가 없다. 남들에게 맞추느라 잃어버린 자신의 감정을 제대로 되찾는 것이다. 어디를 목적지로 삼을 것인지, 그를 위해 어떤 항로를 선택할 것인지, 중간에 어떤 항구에 들를지 스스로 결정한다. 지도와 컴퍼스에 의지해서 그때그때 나아갈 방향을 판단한다.

폭풍이 오면 공포를 느끼겠지만, 결코 조종석에서 도망쳐서는 안 된다. 그래야 무사히 폭풍이 지나갔을 때 커다란 자부심과 기쁨을 느낄 수 있다. 폭풍을 극복하기 위해서는 때로 다른 선원들과도 힘을 합쳐야 할 때도 있을 것이다. 애니메이션 〈원피스〉의 루피처럼 동료들과 희노애락을 함께 나누자. 그러면 목적지에 당도할 때마다 경험과 자신감이 쌓일 것이다.

의지가 약해서 못 바꾸는 게 아니다

어떤 이들은 정말로 착한 성격을 바꿀 수 있을지 의심이 들지도 모른다. '세 살 적 버릇 여든까지 간다'는 말처럼, 한 번 자리

잡은 성격이 쉽사리 바뀌지 않는다고 생각할지도 모른다. 하지만 절대 그렇지 않다. 나는 매일 카운슬링을 통해 그런 작업을 계속 하고 있다. 16년간 카운슬링을 해온 결과, 사람의 성격은 변할 수 있다고 자신 있게 말할 수 있다. 실제로 앞선 사례의 착한 사람 네 명도 '착한 아이' 성격을 바꾸는 데에 확실히 성공했다.

물론 성격이란 게 그렇게 간단히 바뀌지는 않는다. 자기개발에 관한 책을 읽고 자신의 삶을 바꿔보려고 시도하거나, 드라마나 영화의 주인공에 감동해서 그런 사람이 되려고 하거나, '착한 사람을 그만두고 편해지자'라는 책을 읽어도 대부분 작심삼일로 끝난다. 분명 쉽게는 바뀌지 않는다. 오히려 대부분이 자신의 의지나 나약함을 한탄하므로 역효과가 나기도 한다. 유난히 의지가 강한 사람이라면 모를까, 대부분의 사람들은 의식적으로 자신을 바꾸려고 해도 3일을 못 버틴다. 고작해야 2~3주 정도다. 그것은 사람의 행동이 무의식의 세계에 지배를 받기 때문이다.

'사람은 자기 자신에 대해서는 잘 모른다'는 말을 많이 한다. 왜 그럴까? 그것은 그 사람의 언행이 무의식의 감정이나 갈등, 혹은 '~해야 한다'는 자신만의 규칙에 지배당하기 때문이다. 하지만 본인은 그것을 의식하지 못한다. 의식하고 싶지 않기 때문에 무의식적으로 억압하고 있다. 그러나 다른 사람이 그 사람의 언행을 보면 극단적인 이상 행동이 눈에 들어온다. 그리고 그 배후에 있는 무의식의 감정이나 갈등, 혹은 그 사람만의 규칙을 감지할 수 있는 것이다.

바꾸는 게 아니라 깨닫는 것이다

요즘은 스피드 시대라서 그런지 '3초 안에 바뀐다'와 같은 제목의 책이 눈에 많이 띈다. 하지만 사람의 성격이나 생각은 세 살 때까지의 유아기와 그 후 몇 십 년에 걸쳐 형성되는 것이기 때문에, 마법처럼 한순간에 바뀌는 일은 없다. 그런 방법을 안다면 나도 카운슬링에서 매일 고생하지 않을 것이다. 하지만 올바른 방법으로 꾸준히 바꾸려고 노력하면 성격은 조금씩, 그러나 확실히 바뀐다. 정확히 말하면, 바꾸는 것은 아니다. 이는 그때까지 자신에 대해 알지 못했던 것을 깨닫는 과정이라 말할 수 있다.

착한 사람은 무의식 속의 '착한 사람 운영 프로그램'이나 '~해야 한다'는 수많은 자신만의 규칙에 지배를 받는다. 그리고 많은 감정과 갈등을 무의식적으로 억압하고 있다. 그 감정과 갈등, 규칙을 깨닫고 의식해야만 한다. 그 변화 방법은 완만하게 언덕을 올라가는 것처럼 바뀌는 것이 아니다. 계단의 발판처럼 아무것도 바뀌지 않는 시기가 이어지다가 어느 순간 갑자기 한 단계 올라간다. 스스로도 납득했기 때문이다. 그러면 그

동안 억제되어 있던 감정이 해방된다. 무의식이 바뀐 것이다. 마음이 조급한 이들에게는 이 바뀌지 않는 시기가 의미없는 것처럼 느껴지겠지만, 절대 그렇지 않다. 이는 성격을 바꾸기 위한 준비 기간이며, 열매가 익기 위해 꼭 필요한 시간이다.

그렇다면 어떻게 착한 사람을 그만둘 수 있을까? 이제부터 착한 사람을 그만두기 위한 구체적인 방법을 하나씩 소개하도록 하겠다.

STEP 1 '해야 한다'의 반대말은 '적당히 한다'이다

● chapter 06

착한 사람은 나이가 들어도 어린 시절 부모가 원했던 착한 사람의 모습을 목표로 살아간다. 부모가 옛날처럼 이래라 저래라 잔소리를 하지 않아도 마찬가지이다. 아니, 부모가 돌아가셔도 부모의 말을 좌우명이나 유언처럼 소중히 지킨다. 그리고 어른이 된 후에는 착한 사람이어야 하는 대상이 부모에서 친구, 직장 동료, 가족, 혹은 친척으로 점점 확대된다.

왜 자신을 희생하고 이런 힘든 삶을 사는지 이해할 수 없다. 하지만 착한 사람은 자기가 만든 규칙에 지배당할 뿐 아니라, 자신이 누구에게나 착한 사람이라는 사실을 자랑스럽게 여긴다. 그렇기 때문에 아이, 어른 구분하지 않고 누구에게나 겸손하며 상냥하다. 물론 그러기 위해서는 끝없이 나열된 자신만의 규칙을 엄수해야 한다.

그러니 착한 사람을 그만두고 싶다면, 이제부터라도 '~해야 한다'는 규칙을 하나씩 버려야 한다. 개중에는 의식적으로 느끼는 규칙도 있을 것이고, 전혀 인지하지 못한 채 무의식적으로 따르는 규칙도 있을 것이다. 자신을 지배하는 '~해야 한다'의 규칙을 찾기 위해서는 다음 항목에 해당되는 말이나 생각, 행동을 전체적으로 살펴볼 필요가 있다.

· 완벽하지 않으면 안 되는 일
· 해야 한다는 것은 알지만 좀처럼 의욕이 일어나지 않는 일
· 남과 비교해서 지나치게 하고 있는 일
· 하지 않으면 불안해지는 일

　자신이 어떤 '~해야 한다'에 지배당하고 있는지 알았다면, 그 다음 할 일은 '~해야 한다'를 포기하는 것이다. 이를 실행할 때는 아예 의식적으로 없애야 한다.
　청소를 예로 들면, '완벽하게 청소를 해야 한다'를 포기해야 한다. 앞서 착한 사람의 양극단의 심리에 대해 이야기하면서, 완벽하게 청소를 못할 것 같아서 아예 청소를 하지 않는 착한 사람의 행동에 대해 말한 바 있다. 그러니 '완벽하게 청소를 해야 한다'를 포기한다는 것은 청소를 하지 말라는 얘기가 아니라 '적당히 청소한다'는 의미이다. 적당한 청소라도 만족하는

것이다. 그리고 적당히 청소하는 자신을 부정하는 것이 아니라, 이를 있는 그대로 받아들이는 것이다.

착한 사람은 '~해야 한다'를 포기하려고 하면 불안해진다. 그 불안 속을 들여다보고 천천히 익숙해질 필요가 있다. 하지만 아무리 시간이 지나도 불안감이 없어지지 않는다면, '왜 불안해지는가?'를 스스로에게 물어보기 바란다. 억지로 대답을 생각하는 것이 아니라, 답이 떠오를 때까지 천천히 기다린다. 그러면 갑자기 그 답이 떠오를 때가 있다. 그렇게 하면 자연스럽게 '~해야 한다'를 포기할 수 있다.

예를 하나 들어보자. L씨는 대학 시절부터 은둔형 외톨이 성향이 있었다. 대학을 졸업하고 문구류 회사의 사무직에 취업했지만, 현기증과 두통 때문에 회사를 자주 결근했다. 그러다 입사 2년 후에 동아리 선배인 슈지 씨와 결혼한 것을 계기로 회사를 그만두고 전업주부가 되었다. 그녀는 늘 피곤하고 집안일을 잘 해내지 못해서 카운슬링 센터의 문을 두드렸다. 처음에는 왜 집안일을 하고 싶지 않은지 이해가 안 갔다. 하지만 이야기를 듣는 동안, 나는 L씨가 뭐든지 완벽하게 하려 한다는 사실을 알 수 있었다.

식사도 간단한 일품 요리가 아니라 몇 가지나 만들어야 성에 찼다. 반찬 가게에서 산 음식이나 냉동식품이 아니라, 처음부터 스스로 다 만들었다. 집안을 완벽하게 꾸며야 한다는 생각에 웬만해선 누군가를 초대하고 싶은 의욕이 안 생겼다. 뭐든 미루고 미루다가 결국은 허겁지겁 하곤 했다. 외출 한 번 하려고 하면 문단속이 신경 쓰여 몇 번이고 확인하다가 친구와의 약속 시간에 늦고는 했다.

하지만 L씨가 의식적으로 완벽하게 하려고 하는 것은 아니었다. 오히려 자신은 뭘 해도 잘 못하는 구제 불능인 사람이라고 생각했다. 그리고 스스로 잘못했다고 생각할 때마다 자기 효능감이 더 낮아졌다.

하지만 카운슬링에서 내가 100점과 0점을 오가는 양극단의 심리나 쓰레기장 같은 집의 비밀을 설명하자, 자신도 마찬가지로 지금까지 모든 것에 완벽을 기하려 했다는 사실을 깨닫게 되었다. L씨의 어머니는 엄한 사람으로, 어릴 때부터 '~해야 한다'는 세뇌를 많이 시켰던 것이다. 이를 깨닫게 된 후로, L씨는 요리, 청소, 문단속을 적당히 해도 별로 신경 쓰이지 않았다. 그리고 완벽하게 하지 못하는 자신을 탓하지 않았다. 그러자 모든 것이 극적으로 바뀌었고, 차츰 활기가 생겼다. 오히려 지금까지 자신을 괴롭힌다고 생각했던 요리나 청소를 즐기게 되었다. 이렇게 L씨처럼 '~해야 한다'를 포기하면 몸도 마음도 여유가 생긴다.

STEP 2
결코 100%를 추구하지 않는다

chapter 06

10년 이상 우울증을 앓아서 나를 찾아왔다는 어느 고객이 "오 가타 씨가 카운슬링 중에 자주하는 말이 세 가지 있어요."라고 말했다. 특별히 의식해서 반복한 내용은 없었기 때문에, 내가 무슨 말을 자주 한다는 건지 궁금해졌다. 나는 호빵맨(야나세 다카시의 그림책이자 이를 소재로 한 애니메이션-역주)을 좋아하니, 혹시 '사랑'이라든지 '용기'라는 말을 자주 하는 게 아닌가 했다. 그러나 그 고객의 말에 따르면 나는 카운슬링 중에 '적당히, 슬슬, 대충'이라는 말을 자주 한다고 했다. 그 말을 들었을 때는 매우 뜻밖이었지만, 듣고 보니 정말 그런 것 같았다. 그 고객도 전형적인 착한 사람으로, 뭐든지 완벽하게 하든지 아니면 아예 안 해버리던지 둘 중 하나였다. 그런 그에게 착한 사람을 버리는 중요한 첫 걸음으로, '적당히, 슬슬, 대충' 살라고

이기적인 사람에게 우아하게 복수하는 일곱 가지 방법

말했던 것이다.

소니가 성능 100%를 추구하지 않는 이유

내가 소니에서 엔지니어로 일할 무렵 느낀 것이 있다. 그것은 제품에 100점을 요구해서는 안 된다는 것이다. 이상하게 들릴지도 모르겠다. 이왕이면 100점 만점이 좋지 않을까? 하지만 여기에는 중요한 비밀이 있다.

　제품은 여러 가지 항목으로 완성된다. 간단히 설명하기 위해, 성능, 품질, 가격 세 가지만으로 구성된다고 치자. 예를 들면 제품의 성능에 100점을 요구하면 어떻게 될까? 이는 훌륭한 고성능 제품을 목표로 한다는 뜻이다. 물론 고객 입장에서는 좋을 것 같다. 하지만 끝없이 고성능만 추구하다 보면 가격도 한없이 올라간다. 그러면 고객들은 도저히 살 수 없다. 100점의 품질을 추구해도 마찬가지다. 고객 입장에서는 고장도안 나고 오래 쓰는 제품을 원할 것 같지만, 이 역시 가격이 너무 올라서 결국 팔리지 않는다. 그렇다면 가격 면에서 100점을 지향해서 매우 싸게 하면 어떻게 될까? 그러면 제품의 성능이나 품질이 점점 나빠지고, 고객의 외면을 받는다. 결국 성능 100점, 품질 100점, 가격 100점이라는, 모든 항목이 100점만점인 제품은 있을 수 없다는 뜻이다.

　그래서 소니는 성능 80점, 품질 80점, 가격 80점을 목표로

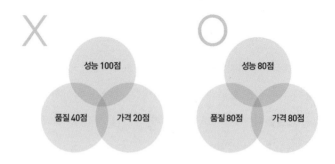

그림 4 | 제품의 밸런스

한다. 이 정도로 밸런스를 맞추면, 고객이 '뭐, 이 정도면 충분하지'라고 납득해서 쉽게 손이 간다. 결국 중요한 것은 성능, 품질, 가격 어느 하나에 집중하지 않고 밸런스를 맞추는 것이다. 물론 밸런스를 맞추는 동시에, 조금이라도 각각의 요소를 향상시키려는 노력은 반드시 필요하다. 그렇지 않으면 다른 회사와의 경쟁에서 지고 만다. 그리고 이렇게 밸런스를 맞춰 놓으면 제품의 다양화가 가능해진다. 성능 85점, 품질 85점, 가격 70점을 맞춰서 고성능 제품 라인을 만들고, 성능 75점, 품질 75점, 가격 90점을 맞춰서 저가 제품 라인을 만드는 식으로 밸런스를 조정할 수 있는 것이다.

인생도 밸런스가 중요

이것은 우리 인생에도 적용할 수 있다. 인생도 여러 가지 항목

그림 5 | 인생에서의 밸런스

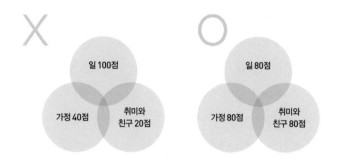

으로 구성되어 있다. 여기서는 결혼한 사람을 예로 들어, 간단하게 일, 가정, 취미와 친구라는 세 가지 항목으로 구성되어 있다고 치자.

예를 들면 일에서 100점을 목표로 하면 어떨까? 한 세대 전에 기업이 선호하는 일꾼 타입이다. 그리고 지금도 착한 사람은 일에서 100점을 목표로 매일 업무에 매달리고 있다. 그러나 일에서 100점을 목표로 하면 가정이나 취미 활동, 혹은 친구들의 만남은 소홀해지기 쉽다. 결과적으로 가정 40점, 취미와 친구 20점이라는 결과를 낳는다. 아빠가 그런 식으로 일하면, 엄마 혼자 자식을 기르는 모자 가정에 하숙생이 같이 사는 것이나 다름없다(그림 5).

그래도 일하고 있는 동안에는 돈을 잘 벌어오니까 아내도 어느 정도 참는다. 하지만 정년퇴직을 하고 일자리가 없어진

순간, 기업 전사가 가정으로 돌아오고 싶어도 있을 곳이 마땅치 않다. 갑자기 대형 폐기물 취급이다. 자칫하면 아내의 한이 오랜 세월 쌓여서 이혼장을 내밀며 황혼 이혼을 요구할지도 모른다. 그동안 아내와 자식을 돌보지 않았던 벌을 한꺼번에 받아야 한다. 일만 잘하면 된다는 것은 이미 옛날 이야기다. 70~80년대는 지난 지 오래다.

요즘 같은 맞벌이 시대에서의 착한 사람은 기업의 전사이자 가정의 전사이기도 하다. 하지만 사람은 시간에도 체력에도 한계가 있다. 그렇기 때문에 일도 가정도 100점 만점을 받는 것은 도저히 불가능하다. 어느새 기업의 전사였던 사람은 지칠 대로 지쳐서 가정에서 장렬하게 전사할지도 모른다. 모든 사람에게 공평하게 하루는 24시간밖에 없고 인간은 살아있으니 인생에도 밸런스가 필요하다. 학교 다닐 때 읽었던 중국의 고사에 '완벽을 목표로 하는 것만큼 불완전한 것은 없다'라는 말이 있었는데, 어떤 일을 완벽하게 하려고 하면 다른 것이 불완전해지는 것은 당연한 일이다. 무슨 일이든 적당히, 슬슬, 대충 하자는 말이다.

80%로 일한다

일의 완벽을 추구해서는 안 되는 또 다른 이유가 있다. 착한 사람은 자신의 업무 능력이 100%라고 하면 120%로 노력하려

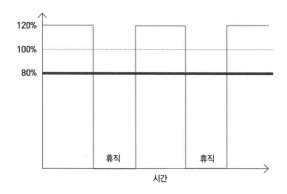

그림 6 | 80%와 120%의 업무 방식

120%

100%

80%

휴직   휴직

시간

고 한다. 최고 속도가 100km인 차를 120km로 달리는 것이
나 다름없다. 당연히 체력의 한계에 부딪힌다. 늦은 밤까지 신
경을 집중해서 일하니, 몸도 마음도 피곤에 절어있다. 120km
로 계속 달리면 자동차도 나중에는 엔진이 타버려서 움직일
수 없다. 기계도 그럴진데 하물며 사람이 120%로 계속 일만
하면 언젠가는 지치고 말 것이다.

　착한 사람은 아무리 피곤해도 계속해서 열심히 일하지만,
그러다 지쳐서 우울증에 걸리거나 휴직하는 일도 흔하다. 휴
직했다가 우울증이 나아져서 복직하면 지금까지 직장 동료들
에게 폐를 끼친 것을 만회하려고 또다시 120%로 일하기 시작
한다. 얼마 안 가 지쳐서 우울증이 재발해서 다시 휴직하기에
이른다. 이쯤되면 상사는 일을 더 이상 맡길 수 없다. 언제 또

쉴지도 모르기 때문이다(그림 6).

그러니 이제부터라도 조금 여력을 남기고 80% 정도만 일하면 어떨까? 상사 입장에서는 80%라도 안정적으로 일해주는 편이 훨씬 도움이 된다. 무엇보다 업무량을 예측할 수 있어서 안심하고 맡길 수 있다. '이왕이면 80%보다 100%가 좋지 않나?'라고 생각하는 사람이 있을지도 모른다. 하지만 업무량은 파도 같아서 물밀듯 들어올 때가 있는데, 100%로 일을 하다 보면, 그런 파도가 올 때 무리할 수밖에 없다. 그러니 80% 정도로 에너지를 남겨두면서 일을 하는 것이 오래 가는 비결이다. 또 일에서 100%를 지향하면 앞에서 이야기한 것처럼 가정이나 취미 생활, 혹은 친구 관계에 소홀해진다.

마라톤을 할 때 120%로 달린다고 생각해보자. 이는 100m 달리기를 할 때처럼 전속력으로 달리다가 지쳐서 멈추고, 조금 나아지면 다시 전속력으로 달리다가 멈추는 것을 반복하는 것과 마찬가지다. 달릴 때는 멋있어 보이지만 실제로는 멈춰 있는 시간이 길어서 좀처럼 앞으로 나아가지 못한다. 그런데 80%로 달린다는 것은 조깅하는 속도로 완주하는 것이다. 주변을 의식하면서 달리니 실패가 잘 일어나지 않는다. 완전히 지친 상태를 만들지 않으므로 어느 정도 여유도 있다. 가파른 언덕이 나타나도, 조깅 속도로 달려왔다면 100% 모드로 기어를 바꿔서 언덕을 무사히 넘어갈 수 있다.

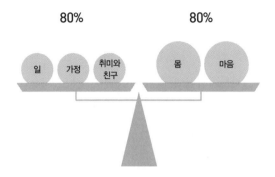

그림 7 | 삶의 밸런스를 맞추다

80%   80%

일   가정   취미와
              친구

몸   마음

그래서 80%의 조깅 속도가 좋다. 이는 아까 말한 일, 가정, 취미와 친구에 밸런스를 취하는 것처럼, 몸과 마음도 밸런스를 취해야 한다는 말이다. 저울 한쪽에 일, 가정, 취미와 친구를 올려놓고, 다른 한쪽에 몸과 마음을 올려놓자. 어느 쪽으로도 기울지 않도록, 양쪽 다 80%로 밸런스를 유지해야 한다(그림 7).

적당히, 슬슬, 대충으로 바꿔나가라

지금까지 여러 가지를 설명했지만, 결론은 적당히, 슬슬, 대충이 좋다는 말이다. 일에서도 가정에서도 취미나 친구와의 교제에서도 몸도 마음도 80% 정도면 된다. 그러기 위해서 착한 사람은 마음속에 새겨둔 '열심히 한다', '120%', '완벽'이란 말들을 '적당히, 슬슬, 대충'으로 바꿔나가야 한다.

예를 들어보자. 나는 고객의 우울증이 어느 정도 나아지면 오전 중에 산책을 하라고 권한다. 그런데 내가 잠자코 있으면 착한 사람은 산책조차도 완벽하게 하려고 한다. 우선 코스를 정한다. 그것도 2시간에 장장 10km라는 긴 코스다. 조금이라도 열심히 해서 빨리 건강해지고 싶어서다. 처음에는 컨디션이 나쁘거나 비가 와도 열심히 산책을 계속한다. 그러다가 어느 날 더 이상 산책을 할 수 없게 된다. 그러면 다음 달부터 아예 걷지 않는다. 120%에서 0%로 떨어진 것이다.

그렇다면 어떻게 산책하는 것이 이상적일까? 우선 그날그날의 기분이나 몸 상태에 따라 코스와 걷는 거리를 바꾸자. 공원에서 꽃을 보고 싶으면 공원 코스로, 책방에서 주간지를 보고 싶으면 책방 코스로 간다. 산책을 '~해야 한다' 하는 의무에서 '~하고 싶다'는 즐거움으로 바꾸는 것이다. 물론 컨디션이 나쁘면 쉰다. 이렇게 적당히 산책하면 오래 간다. 그리고 점점 '적당히, 슬슬, 대충'이나 '~하고 싶다'는 느낌에 익숙해진다. 그러면 착한 사람에게도 작은 여유가 생겨난다.

STEP 3
주말에는 전투 모드를 해제한다

착한 사람은 계속 '열심히 한다'와 '참는다'는 인내의 생활을 해왔다. 120%의 힘을 쥐어 짜면서 살아왔다. 이것은 몸과 마음에 큰 영향을 미친다. 사람은 자율 신경, 내분비계, 면역계에 의해 몸과 마음의 밸런스를 취하고 스트레스로부터 몸과 마음을 지킨다. 이 가운데 자율신경은 교감 신경과 부교감 신경으로 되어있다. 자동차로 비유하면 교감 신경이 액셀의 움직임, 부교감 신경이 브레이크의 역할을 한다. 그리고 이 두 가지가 밸런스를 취함으로써 몸과 마음을 통제한다.

이 교감 신경과 부교감 신경의 기능도 진화의 역사 속에서 습득된 것이다. 수렵과 채집 시절에는 별로 먹을 것이 없어서 평소에는 부교감 신경이 우위에 서서 심장과 호흡을 늦추어 릴랙스했다. 전자 제품으로 따지면 '에너지 절약 모드'인 셈이다. 하지만 식량을 구하기 위해 사냥을 나가면 곰이나 늑대를 만나 싸워야 한다. 그때는 교감 신경이 우위에 와서 심장 박동이나 호흡이 빨라지고 근육을 긴장시켜서 몸을 '전투 모드'로 전환해 싸워야 한다. 이처럼 교감 신경은 비상 사태에 대응하기 위한 모드인 셈이다.

달리는 것에 비유하면 부교감 신경 우위는 조깅에, 교감 신경 우위는 전력 질주에 해당한다. 그리고 '열심히 한다'와 '참는다'는 당연히 교감 신경에 해당한다. 또한 스트레스가 쌓일 때도 교감 신경이 활동한다. 한마디로 착한 사람의 '열심히 한다'와 '참는다'의 인내는 계속 교감 신경이 활동하게 만든다는 이야기다.

전력 질주하고 있으니까 당연히 쉽게 지친다. 지치면 쉬면 되는데, 착한 사람은 피곤함을 대수롭지 않게 여기고 쉼 없이 달리기만 한다. 그 결과 완전히 지쳐서 병이 난다. 이른바 자율 신경 기능 이상이다. 증상으로는 만성 피로, 나른함, 현기증, 편두통, 두근거림, 홍조, 불면, 변비, 설사, 미열, 이명, 손발저림, 입과 목주변의 불쾌감, 빈뇨, 잔뇨감 등이 있다. 또한 정신적인 증상으로는 안절부절, 불안감, 소외감, 좌절감, 의욕 상실, 우울증 등이 나타난다. 감정의 기복이 심하고 초조해지기도 한다. 그야말로 착한 사람이 평소에 느끼는 증상 그대로다.

착한 사람이 120%의 '열심히 한다, 참는다'는 삶의 방식을

80%의 '적당히, 슬슬, 대충'의 방식으로 바꿔나가면, 조금씩 교감 신경 우위에서 부교감 신경 우위로 변한다. 하지만 평소에 앓고 있는 두통, 현기증, 불면 등의 증상을 더 적극적으로 치료하기 위해서는 자율 훈련법(독일의 정신병리학자 슐츠가 고안한 자기 컨트롤로, 정신을 집중시켜 심신의 긴장을 풀어준다 - 역주), 복식 호흡, 명상, 아로마 요법, 요가 등 릴랙스하는 방법을 익혀서 실천하면 효과적이다.

자율 훈련법은 자기 암시를 걸어 부교감 신경 우위로 전환해간다. 복식 호흡은 호흡을 정돈함으로써 부교감 신경 우위로 전환한다. 명상은 복잡한 잡념을 버림으로써 부교감 신경 우위로 전환해준다. 이렇게 자신에게 맞는 릴랙스법을 익혀서 하루에 몇 번이고 실천하면, 고통스런 증상을 없애고 편안한 마음으로 생활할 수 있다.

일이 끝나면 릴랙스

평소에는 부교감 신경 우위로 릴랙스하고 있으면 좋다지만, 일할 때는 어떨까? 비록 80%로 일을 하라고 말했어도, 일할 때는 당연히 교감 신경이 우위에 있어야 한다. 일을 할 때는 책임도 따르고 실수도 허락되지 않기 때문에, 아무래도 신경을 곤두세워야 하기 때문이다. 그러나 일단 일이 끝나면 릴랙스하고 교감 신경 우위를 부교감 신경 우위로 전환할 필요가 있다. 그래야 업무로 인한 피로가 조금씩 풀린다. 사람은 수면을 통해서도 몸과 마음의 피로를 없애는데, 부교감 신경이 우위에 있어야 수면도 깊어져서 피로가 잘 풀린다.

대부분의 착한 사람은 밤 늦게까지 야근하는 일이 많다. 또한 업무가 끝난 후에도 상사가 화를 낸 일이나 내일의 업무가 신경이 쓰여 좀처럼 정신적으로 릴랙스하지 못한다. 게다가 착한 사람은 퇴근 후 집에 돌아와서도, 집안일과 육아에 신경이 곤두서서 계속 긴장한다. 업무가 끝난 후에도 계속 교감 신경이 우위에 있다는 뜻이다. 당연히 업무로 인한 피로는 좀처럼 풀리지 않고, 수면 역시 얕고 짧다. 아침에 눈을 뜨면 전날의 피로가 풀리지 않아서 심신이 다 피로하다.

일주일 단위로 피로를 푼다

하루 단위로 보면, 그림 8의 위쪽 그래프처럼 일이 끝났을 때 바로 릴랙스해서 그날의 피로를 푸는 것이 이상적이다. 그림 8의 아래쪽 그래프처럼, 일이 끝나도 릴랙스하지 못하면 아무래도 피로가 남아있다. 그렇다면 일주일 단위로 보면 어떨까? 그림 9처럼 매일 피로를 잘 풀면 주말에는 좋아하는 일을 즐길 수 있다. 여가와 생활 습관을 배려한 생활 방식이다.

하지만 그림 9의 아래 그래프처럼 교감 신경이 우위에 있어 피로가 풀리지 않으면 월요일부터 금요일로 갈수록 점점 피로

그림 8 | 교감 신경과 부교감 신경의 하루 동안의 움직임

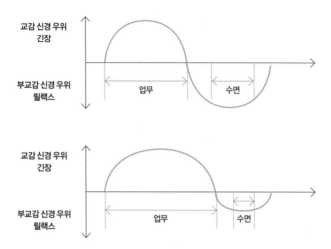

그림 9 | 교감 신경과 부교감 신경의 일주일 동안의 움직임

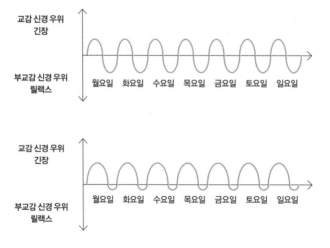

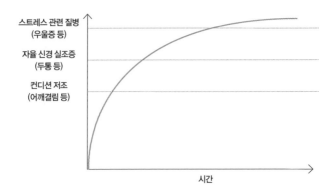

그림 10 | 자율 신경 기능 이상 때문에 심신이 피로

스트레스 관련 질병
(우울증 등)

자율 신경 실조증
(두통 등)

컨디션 저조
(어깨결림 등)

시간

가 쌓인다. 착한 사람들에게 흔한 유형이다. 주말에 푹 쉬어서 피로를 풀면 좋겠지만 주말에도 업무와 집안일로 분주해 피로가 가시지 않는다.

그러면 점점 피로가 쌓여서 그림 10과 같은 그래프가 그려진다. 피로가 쌓이면 우선 어깨결림 등으로 컨디션이 나빠지고 두통 등 자율 신경 기능 이상도 나타나기 시작한다. 그것을 방치해두면 결국은 우울증이라는 마음의 병이나 심근경색과 같은 몸의 병으로 발전한다.

원래 그날의 피로는 그날 없애는 것이 이상적이지만, 주중에 바빠서 피로를 풀지 못했을 때는 주말에 푹 쉬면서 그 주의 피로를 말끔히 없애고 새로운 주를 맞이해야 한다.

STEP 4 내 의견을 무시하는 인간관계와 거리를 둔다

착한 사람은 자신의 인생임에도 불구하고 어디에도 자신의 생각이 들어있지 않다. 그러니 착한 사람에게 주어진 큰 과제는 자기 삶의 주연이 되어 정체성을 확립하는 것이다.

사람은 사춘기와 반항기, 일과 결혼 생활, 성공과 좌절을 반복하면서 자신을 성찰하고 조금씩 '자기'라는 정체성을 형성해나간다. 그러나 착한 사람은 지금까지 자신의 정체성을 형성한다는 것을 생각해본 적이 없다. 완전 백지 상태에서 형태를 만드는 것이므로 시간을 들여 차근차근 나아가야 한다.

스스로 결정하는 것부터 시작한다

그렇다면 어디부터 시작하면 좋을까? 우선 스스로 결정하는 것부터다. 착한 사람은 자신의 생각이 아니라 다른 사람의 의견대로 살아왔다. 어떤 사람은 옷이나 식사 메뉴조차 정할 수가 없어서 모두 남에게 맡겼다. 하지만 착한 사람을 졸업하고 정체성을 확립하기 위해서는 의존해왔던 삶을 방식을 완전히 포기하고 자신의 생각대로 독립적인 삶을 꾸려야 한다.

앞선 사례의 A씨가 혼자서 옷이나 카메라를 사고, 메이크업 교실과 요가 학원에 다니기 시작하면서 기쁨을 느꼈던 것처럼, 혼자서 결정할 수 있는 작은 것부터 조금씩 시작해야 한다. 우선은 옷을 고르거나 친구와 밥을 먹을 때 자신의 메뉴를 스스로 정하는 것부터 시작한다. 처음에는 조금 불안할지도 모른다. 하지만 스스로 결정할 수 있으면 기쁘다. 스스로 결정한다는 벽을 뛰어넘으면 세상이 달라보인다.

조금씩 스스로 결정하는 일이 많아지면 혼자서 식사를 하러 가거나 술을 마시러 가는 등 혼자만의 시간을 즐겨보자. 이 또한 착한 사람에게는 모험이다. 그것은 지금까지 느껴본 적 없는 자유다. 한걸음 더 나아가 혼자 하는 여행도 추천한다. 스스로 갈 곳을 정하고 가이드북을 사자. 계획을 세우고 호텔을 예약한다. 그리고 자신에게 맞는 관광, 쇼핑, 식사로 자유를 만끽해보자.

연인이나 친구에게 자신의 의견을 말한다

혼자 있을 때 스스로 결정할 수 있게 되면, 다음에는 연인이나 친구와 함께 있을 때 자신의 의견을 말해보자. 지금까지는 모두 연인에게 맡겼던 데이트 내용이나 가고 싶은 장소를 확실히 말한다. 처음에는 상대방이 깜짝 놀랄지도 모른다. 하지만 자신에게도 절반의 결정권이 있다는 사실을 기억해야 한다.

개중에는 착한 사람의 의견을 무시하고 예전처럼 모든 것을 통제하려는 연인도 있을 것이다. 소위 '이기적인 연인'이다. 지금까지는 누군가에게 의존하고 싶은 마음 때문에 이기적인 연인이 필요했지만, 이들은 착한 사람이 자립하지 못하게 막는 훼방꾼일 뿐이다. 만약 그 정도가 심해 타협이 되지 않을 정도라면 A씨가 마코토 씨에게 아파트에서 나가라고 했던 것처럼, 이쪽에서 결별을 선언해야 한다.

친구와 놀 때도 뭐가 하고 싶고, 어떤 식당에 가고 싶은지 희망 사항을 말하자. 함께 여행을 갈 때도 원하는 목적지, 관광 코스, 호텔을 말한다. 이때도 착한 사람의 의견을 무시하고 모든 것을 자기 마음대로 하려고 하는 친구와는 이쪽에서 거리를 두고, 새로 마음이 맞는 친구를 사귀도록 한다.

물론 다짜고짜 연인이나 친구와 부딪치거나 헤어지면 정신적으로 힘들다. 그러니 조금씩 무리하지 않는 범위에서 시작해보자. 얼굴 없는 이방인에서 자신의 얼굴을 뚜렷이 가진 사람으로 다시 태어나는 것이다. 이제, 드디어 착한 사람의 가면을 벗을 때가 왔다.

여기 한 사례가 있다. M씨는 회사와 가정에서 받은 정신적인 고통으로 인한 우울증 때문에 카운슬링을 받으러 왔다. M씨의 이야기를 듣다 보니, 부인이 강압적인 태도가 신경이 쓰였다. 내가 "M님은 부인에게 착취당하고 계시군요."라고 말하자, M씨는 소스라치게 놀랐다. 자신이 더 어른이라서 아내에게 모두 양보하는 거라고 생각했었다는 것이다. 그 이후로 M씨는 계속 가정에서 착한 사람을 연기해왔던 자신의 태도에 의문을 갖기 시작했다. 스스로의 생각으로 인생을 살고 싶었다. 드디어 오랜 세월 아내가 하는 말을 일방적으로 따르며 살아왔던 M씨가 반기를 들고, 아내에게 자신의 생각을 말하기 시작했다.

그러자 아내는 처음에는 놀랐다. 갑자기 자신의 지배에 반기를 든 폭동이 일어난 것이나 다름없기 때문이다. 10년 이상 함께 살았는데, 남편이 자기주장을 한 적이 없어서 딱히 의견이 있는 사람이라고 생각해본 적도 없었다. M씨의 변화로 처음에는 두 사람 관계가 삐걱거렸다. 가끔 싸움으로 발전하는 일도 있었다. 아내는 자신의 주도권을 지키기 위해 더 지배하려고 들고, 어떻게든 M씨의 폭동을 진압하려고 했다. 하지만 M씨의 생각이 확고하다는 사실을 알고 나서는 지금까지의 독불장군을 포기할 수밖에 없었다.

M씨는 카운슬링에서 "지금까지 내 의견을 말하면 다툼이

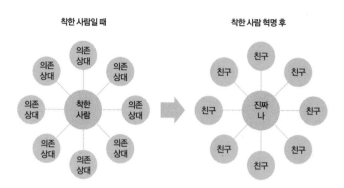

그림 11 | 인간관계가 변한다

착한 사람일 때

의존 상대 / 의존 상대 / 의존 상대 / 착한 사람 / 의존 상대 / 의존 상대 / 의존 상대 / 의존 상대

착한 사람 혁명 후

친구 / 친구 / 친구 / 진짜 나 / 친구 / 친구 / 친구 / 친구

되고 미움받을 것이라고 생각했어요. 그래서 나만 참고 아무 말 안 하면 된다고 생각했죠. 하지만 놀랍게도 내 의견을 단호히 말하기 시작하니 서로 이해할 수 있고 오히려 관계가 좋아졌어요."라고 말했다.

이처럼 카운슬링을 하다 보면, 지금까지 억눌러왔던 자신의 생각을 솔직하게 말하기 시작하면서 인간관계가 오히려 좋아진 일이 많았다. 앞선 사례 속 C씨도 부부 관계가 더 좋아졌고, A씨도 직장 동료들과의 관계가 좋아졌다. '지배와 의존'라는 지극히 냉정한 인간관계에서 서로를 이해하는 따뜻한 인간관계로 바뀌기 때문이다. 원래 부부든 친구든 가끔씩 다투는 정도가 적당하지 않은가?

본심을 드러낼 때 진짜 친구가 생긴다

착한 사람은 누구에게나 착한 사람이기 때문에 친구도 많을 것 같지만, 실제로는 표면적인 만남이 대부분이다. 착한 사람이 자신의 생각이나 본심, 고민을 말하지 않기 때문에, 어느 선 이상 친해지기 어렵기 때문이다. 이들은 자신의 생각이나 본심, 고민을 말하면 상대방이 싫어할 거라고 생각한다. 하지만 착한 사람이 친구에게 본심을 말하면 상대방도 본심을 털어놓는다. 그래서 오히려 사이가 좋아지는 경우가 많다. 그룹 안에서도 그냥 늘 웃기만 하면서 아무래도 상관없는 사람이 아니라, 자신의 자리가 확고히 생긴다.

그러다 보니 그림 11처럼 인간관계가 크게 변한다. 더 이상 누군가에게 의존할 필요가 없다. 인간관계가 안정되면 정신적으로도 안정을 찾게 되고, 좀 더 넓은 인간관계를 새롭게 구축해나갈 수 있게 된다.

STEP 5
한번에 한 가지만 챙긴다

뒷부분에 좀 더 자세히 설명하겠지만, 착한 사람은 대부분 어린 시절에 부모에게서 분노와 슬픔을 제대로 위로받지 못했다. 오히려 야단맞았다. 그래서 어른이 되고 나서도, 괴로운 일이나 힘든 일 때문에 남 앞에서 화내거나 울거나 하는 것은 부끄러운 일이라고 여긴다. 착한 사람은 영화나 소설에 감동해서 울기는 해도, 자기 일 때문에 화 내거나 우는 일은 거의 없다. 분노나 슬픔을 억압하고 있기 때문이다. 정도가 심해지면 분노나 슬픔의 감정 자체를 아예 느끼지 못하게 된다. 억지 웃음 이외에는 가면을 쓰고 감정이 없는 얼굴이 된다.

상사에게 부당하게 야단맞으면

그렇다면 감정을 억제한다는 것은 어떤 것일까? 회사에서 상사에게 야단을 맞았다고 치자. 상사가 화를 내는 것이 당연할 때도 있지만, 부당할 때도 있다. 오해해서 화를 낼 때도 많다. 배우자나 상사, 고객에게 받은 스트레스를 그저 부하에게 푸는 사람도 있다. 부하를 스트레스의 배출구로 여기는 것이다.

대등한 관계라면 제대로 반박하거나 싸울 수도 있겠지만, 상사에게 반론하거나 대들어서 좋을 것이 하나도 없다. 무엇보다 상사는 자신에게 일을 지시할 권리를 가지고 있고, 평가까지 하기 때문이다. 어쩔 수 없이 힘들어도 참는다. 회사원의 비애다. 그래서 퇴근 길에 술집에 들려 스트레스를 풀곤 한다. 동료에게 "그 부장님이 말이야…"라며 술주정 삼아 상사의 험담과 분노를 터뜨린다. 동료도 상사에게 불만을 가지고 있으면 술의 힘을 빌려 이야기는 활기를 띤다. 이런 '마시는케이션(마시면서 커뮤니케이션-역주)'은 사회생활에 있어 의외로 중요한 역할을 한다.

하지만 착한 사람에게 남을 헐 뜻는 일은 당치도 않다. 상사가 부당하게 화를 낼 때도 '내가 더 열심히 할 걸'하고 자신을 탓하거나, '상사가 그렇게 말해주는 것은 나를 위해서'라고 어떻게든 합리화해서 넘어가려고 한다. 물론 착한 사람도 무의식적으로는 분노를 느낀다. 하지만 스스로 이를 깨닫지 못하고, 분노의 감정을 억압한다. 발산되지 않은 분노의 감정은 언제까지나 남아있다. 그래서 상사로부터 야단을 맞을 때마다,

무의식적으로 상사에 대한 분노가 눈사람을 굴리듯이 점점 커진다. 사례 속 B씨처럼 말이다.

사소한 일에 안절부절 못하는 이유

착한 사람도 일 때문에 피곤이 쌓이면 감정적으로 몰리게 된다. 상사에게 야단을 맞으면 자신의 노력이 부족했던 탓이라고 생각하면서도 짜증이 난다. 결혼한 여성은 퇴근 후에 저녁식사 준비로 바쁜데 아이가 떼를 쓰면 짜증이 난다. 그 뿐만이 아니다. 전철 노약자석에서 버젓이 앉아있는 사람을 보거나 휴대폰을 만직작거리며 길을 걷는 사람을 보는 것만으로도 화가 난다. 그러다가 문득 사소한 일에도 안절부절 못하는 자신이 이상한 건 아닌지 불안해진다. 무엇보다 자신은 자타가 공인하는 온화한 사람이기 때문이다.

착한 사람은 지금까지 무의식적으로 분노를 계속 억누르고 있었기 때문에, 무의식 속의 분노가 제한 용량에 가까워오면 사소한 일로도 안절부절 못하기 시작한다. 마치 물이 가득 찬 컵에 조금이라도 물을 더 부으면 물이 흘러넘치는 것과 같다. 그리고 사람에 따라서는 무의식 속 분노의 쓰레기통이 제한 용량을 넘으면 갑자기 폭발하듯이 화를 낸다. 주변 사람은 깜짝 놀랄 수밖에 없다. 심한 경우에는 화가 나서 유아를 학대하거나 배우자에게 가정 폭력을 휘두르는 일도 있다.

감정 없는 잿빛 세상에 살고 있다면

또 착한 사람이 자신의 인생을 뒤돌아보면, 지망했던 대학에 합격했을 때도 그다지 기쁘지 않았거나, 단체 운동 경기에서 우승했을 때 자기 혼자만 그다지 감동이 없었다는 사실을 깨닫는다. 감정을 잘 느끼지 못하는 것이다. 감정이라는 것은 자연스럽게 끓어 오르는 것이므로 분노나 슬픔, 불안, 공포와 같이 자신에게 불리한 나쁜 감정만 억압하려고 해도, 그렇게 간단한 일이 아니다. 기쁨, 행복, 안도감, 즐거움과 같은 긍정적인 감정도 함께 억압 받아 아무런 감정을 느끼지 못한다.

사람이 살아있으면 순간순간 일어나는 일에 대해 기쁘고, 슬프고, 즐겁고, 두려운 복잡한 감정이 생겨난다. 감정을 동반하지 않으면 어떤 경험도 매우 표면적인 것에 그친다. 여러 가지를 느끼고 감동을 받아야 인생에 화사한 빛이 비춰진다. 하지만 착한 사람은 어떤 감정도 느끼지 않는 잿빛 모노톤 세상에 살고 있다. 이런 상태를 두고 과연 살아있다고 말할 수 있을까?

분노와 슬픔을 느낀다는 것

지금 자신이 지닌 감정을 솔직히 느낀다는 것은 매우 중요한 일이다. 하지만 착한 사람은 자신이 분노나 슬픔의 감정을 억압하고 있다는 사실조차 깨닫지 못하고 있다.

우선 최근 몇 년간 분노나 슬픔, 불안, 공포 그리고 기쁨과 행복, 안도감, 즐거움 같은 감정을 느낀 적이 있는지 생각해보기 바란다. 빨판상어(이름은 상어지만 상어류와 다른 어종으로 머리 위에 있는 빨판으로 다른 어류에 빌붙어 산다-역주)가 상어에게 기생함으로써 얻어지는 것 같은 안도감과 무의식적으로 다 완전히 억누르지 못한 분노, 불안, 공포가 돌발적으로 나타나는 것뿐인지도 모른다. 기쁨과 행복, 즐거움과 같은 느긋한 감정을 조금이라도 느낄 수 있다면, 착한 사람 병의 증상은 가볍다고 보면 된다.

만약 감정을 거의 느껴본 적이 없는 사람이라면, 지금부터라도 솔직한 감정을 느끼는 습관을 들여야 한다. 우선 감동적인 영화나 소설을 접하고, 주인공에 감정이입해서 울거나 화내는 일부터 시작해보면 어떨까?

감정을 회복하는 방법

평상시 생활 속에서 뭔가 화나는 일이 있어도 착한 사람은 그 감정에 바로 뚜껑을 덮어버리려고 한다. 하지만 그 감정에 몰두해보자. 그러면 조금씩 분노의 감정을 느낄 수 있다. 어떤 사람 때문에 화가 나면 솔직하게 그 분노의 감정을 느낀다.

분노나 슬픔의 감정은 원활하게 느끼는 편이 좋지만, 그렇다고 자유롭게 발산해도 되는 것은 아니다. 어른들이 분노나 슬픔의 감정을 참는 이유는 친구나 동료와의 사회생활을 원만하게 하기 위해서다. 분노를 그 자리에서 상대방에게 발산하면 싸움이 되고, 사람들 앞에서 울면 이상한 사람으로 비춰질 수 있다. 그러니 분노나 슬픔은 자기 마음속으로 느끼고 잘 해소해야 한다.

화가 나서 견딜 수가 없을 때는 혼자 방에서 "○○는 바보야!"라고 소리쳐도 되고, 쿠션을 때리거나, 신문지를 말아서 책상을 쳐도 좋다. 중요한 것은 자기 안에서 해결해야지, 다른 사람에게 화풀이하거나, 벽을 치거나, 자신의 몸에 상해를 입혀서는 안 된다는 것이다.

예를 하나 들어보자. N씨는 10년 이상 우울증으로 휴직과 복직을 반복했다. 그러다 카운슬링을 시작하면서 자신의 본심과 마주하고, 조금씩 자신의 분노를 느낄 수 있었다.

N씨는 술을 마시지 않아서 회사에서 화나는 일이 있어도 동료들과 술을 마시면서 스트레스 발산을 하지 못했다. 그렇다고 회사에서 쌓인 스트레스를 그대로 집에 가지고 와서 아내와 아이들에게도 걱정을 끼치고 싶지 않았다. 그래서 집에 올 때 집 앞에 자동차를 세워놓고 "○○는 바보야!" 혹은 "왜 내가 이런 일을 당해야 해!"라고 소리치기 시작했다. 그렇게 한참을 소리 질러서 속이 후련해진 뒤에 집에 돌아갔다.

이처럼 혼자서라도 상대방에 대한 분노의 감정을 발산하는 것이 매우 중요하다. 분노나 슬픔의 감정을 느낄 수 있으면 조금씩 기쁨이나 행복도 느낄 수 있다. 감정이 없는 모노톤의 잿빛이었던 세상이 분노, 슬픔, 기쁨, 행복과 같은 빨주노초파남보의 총천연색 세상으로 바뀐다. 그것은 살아있다는 실감을 회복하는 것이기도 하다. 착한 사람 로봇에서 심장이 뛰는 인간으로 변신하는 과정인 셈이다.

오감에 집중한다

앞선 사례의 D씨는 착한 사람을 포기한 후, 꽃 냄새를 맡고 좋은 향기라고 느끼거나 커피를 마셔도 어제와는 맛이 다르다고 느꼈듯이 차츰 감각을 회복해갔다. 사실 착한 사람은 감정뿐 아니라, 시각, 청각, 미각 등의 감각도 마비되어 있다. 아름다운 그림을 봐도, 멋진 음악을 듣거나, 맛있는 음식을 먹어도 마음의 동요가 거의 없다.

하지만 감정을 느낄 수 있으면 감각도 회복된다. 그림이나 음악, 식사를 접하고 마음이 움직이기 때문이다. 그리고 감격도 한다. 그것이 바로 '지금 이 순간을 음미한다'는 것이다.

효율성을 버린다

회사에서 일을 할 때는 효율성이 중요하다. 얼마나 자신에게 주어진 일을 효율적으로 처리하는가에 신경을 쓸 수밖에 없다. 하지만 요즘은 일뿐만 아니라, 경쟁할 필요가 없는 가정에서나 취미 생활에서도 효율성을 추구하는 것 같다. 얼마나 많은 지식을 얻고, 얼마나 많이 즐길 수 있는지를 추구한다. 시험 공부나 회사 업무에서 효율성을 추구하는 것이 몸에 배어있는 것이다.

독서로 치면 얼마나 많은 책을 읽었는지가 중요해진다. 그를 위해 여러 가지 속독법이 개발되었다. 효율성을 높이기 위해서는 한번에 두세 가지를 해야 한다. 뭐든지 동시 진행이다. 가령 신문을 읽으면서 텔레비전을 본다든지, 목욕물을 받으면서 메시지를 쓴다.

전에 내가 회사에 근무하고 있었을 때의 일이다. 퇴근해서 역 쪽으로 걸어가고 있는데 부하 여직원이 뒤에서 달려오는 것이 아닌가? 내가 있는 곳에 이르러 "오가타 씨도 함께 뛰세요."라고 했다. "무슨 일이야?"라고 달리면서 물어보자, "뛰어가지 않으면 40분에 오는 전철을 못 타요."라며 대답했다. 우리는 달려서 무사히 그 전철을 탈 수 있었다. 가쁜 숨을 몰아쉬며 "급하게 어디 가는 길인가 보네?"라고 묻자 "집에 가요."라고 대답했다. "그럼 집에 누가 오거나, 꼭 봐야 하는 방송이나 뭐 그런 게 있나 봐."라고 하니, "아니요, 딱히 아무 일도 없는데요?"라고 대답했다. "그럼 다음 전철 타도 됐잖아?"라고 했더니 "그래도 전철을 놓치면 손해잖아요."라는 것이 아닌가. 아침에 지각을 할 것 같아서 전철역까지 달려가는 것은 이해가 간다. 그러나 별다른 스케줄이 없는데도 퇴근길 전철을 굳이 달려가서 타는 이유는 뭘까? 이는 효율적이지 않으면 손해를 본다는 사고방식이 깊이 뿌리 내리고 있기 때문이다. 별로 급하지도 않은데 신호등이 빨간불로 바뀔 것 같으면 저 멀리서 달려와 건너는 사람도 마찬가지다.

의미있는 것을 천천히 음미하기

나는 그런 의미에서 효율성을 중시하는 사회 풍조도 재조명해봐야 한다고 생각한다. 특히 가정이나 취미 생활에서는 효율성을 추구해선 안 된다고 본다. '효율성'이라는 것은 바쁘게 많은 일을 하는 것이다. 그러나 '바쁠 망(忙)'이라는 한자 자체가 '마음(心)'을 '잃어버린다(亡)'라는 의미를 지니고 있다.

효율적으로 하는 것이 정말 의미가 있는 것일까? 예를 들면 속독법으로 책을 많이 읽었다고 쳐도 10년 후에 읽은 책 내용이 머릿속에 남아있지 않으면 아무런 의미도 없다. 그저 책을 많이 읽었다는 자기 만족에 지나지 않는다. 책을 읽을 때는 얼마나 깊이 음미하는가가 중요하지 않을까? 저자의 생각에 의문을 가지고 저자와 대화하면서 책을 읽는 것이다. 그렇게 하면 그 책은 정말 마음속에 남기 때문에 10년 후에도 그 책에 대해 이야기할 수 있다.

두 가지 일을 동시에 한다는 것은 결국 어느 쪽도 제대로 하지 않는다는 것이다. 신문을 읽으면서 텔레비전을 보고 있으면 어느 쪽도 진정한 의미에서 머릿속에 들어오지 않는다. 목욕물을 받으면서 메시지를 쓰면 목욕물이 얼마만큼 찼는지 신경이 쓰여서 메시지에 집중할 수 없다.

효율성을 추구하면 많은 것을 빨리 하려고 한다. 하지만 정말 중요한 것은 의미있는 것을 천천히 음미하면서 하는 것이다. 한번에 깊이 음미할 수 있는 것은 하나뿐이다. 한 가지에 전념하다 보면 잡념이 사라지고, 새로운 사실에 주목하며, 감동이 생겨난다. 예를 들면 식사를 할 때는 식사를 준비해준 사람에게 감사하고, 식재료를 기른 농부에게 감사하고, 소나 생선, 채소와 같은 식재료의 생명에 감사하고, 한입씩 음미하면서 먹는다. 그렇게 하면 식재료의 맛이 입안 가득 퍼져 풍요로운 맛을 느낄 수 있다. 그리고 천천히 음미하면서 먹으면 소화도 잘 되고 몸속에 들어가 피가 되고 살이 된다.

한마디로 한 가지를 깊이 음미함으로써 그 사람의 인생이 풍요로워진다는 뜻이다. 착한 사람뿐 아니라 늘 효율성을 최우선으로 생각하는 사람이라면 반드시 기억해야 할 사실이다.

STEP 6
누구에게나 부족한 점이 있다

chapter 06

한때 《겨울왕국》라는 애니메이션이 유행하면서 주제가인 〈Let it go〉가 인기를 끌었다. 그 노랫가사는 고민하는 것을 그만두고 있는 그대로의 내가 되겠다는 내용을 담고 있다. 그런데 과연 있는 그대로의 자신을 인정한다는 것은 어떤 의미일까? 자기가 하고 싶은 대로 살면, 있는 그대로의 자신을 인정하는 것일까?

스물아홉 살 여성 게이코 씨는 연하의 성실하고 얌전한 O 씨와 사귀었다. 게이코 씨의 이야기대로라면 그는 착한 사람이다. 그런데 O씨가 '있는 그대로의 자신'을 목표로 하는 3일간의 합숙 세미나에서 돌아온 뒤, 갑자기 자신의 의견을 주장하기 시작했다. 문제는 자기 주장을 조금도 양보하지 않았다는 데 있었다. 당연히 게이코 씨와 다툼이 끊이질 않았고, 게이코 씨 역시 점점 힘들어져 헤어지는 편이 낫겠다는 생각까지 하게 되었다. 그런데 O씨가 먼저 "나는 내 마음에 솔직하게 살고 싶어졌어. 그래서 당신과 헤어지기로 했어."라고 말하는 것이 아닌가? 세미나에서 도대체 무엇을 배웠는지 모르지만, 이것은 '있는 그대로의 나'가 되는 것이 아니라, 자신의 의견만 주장하는 이기적인 행동에 지나지 않는다.

노벨 물리학상을 받은 일본의 나카무라 슈지 교수는 "좋아하는 일만 하면 돼!"라고 말했다. 요즘 이 말을 여기저기서 자주 듣고, 이런 주제의 책도 자주 눈에 띈다. 하지만 정말 그럴까? 모두가 자기가 좋아하는 일만 하다 보면 회사도 집도 바로 붕괴되고 말 것이다. 좋아하는 것만 하면서 살 수 있는 사람은 이 세상에 없다. '있는 그대로의 나를 인정한다'는 것은 자신의 의견만 주장하거나 좋아하는 것만 하고 산다는 말이 결코 아니다.

자신의 부족함을 인정하는 일

그렇다면 '있는 그대로의 나'란 무슨 뜻일까? 이는 자신의 좋은 점뿐 아니라 부족한 부분도 포함해서, 자신의 모든 것을 그대로 인정하고 받아들인다는 말이다.

착한 사람은 부족한 점이 있어서는 안 된다고 생각한다. 그렇기 때문에 부족한 자신을 받아들일 수 없다. 하지만 완벽한 사람이란 이 세상에 존재하지 않는다. 내가 학창 시절에 존경하던 신부님은 늘 화내고 후회하는 일을 반복하는 게 우리네 삶이라 말했었다. 사실 자신이 완벽하다고 생각하는 사람은 문제가 있는 것이다. 이런 사람들은 문제가 일어났을 때 자신은 완벽하므로 상대방에게 잘못이 있다고 생각한다. 그러니 자신이 완벽하다고 믿는 사람과 함께 있는 것도 쉬운 일이 아니다.

아무리 완벽한 착한 사람을 목표로 해도, 사람은 결코 완벽한 착한 사람이 될 수 없다. 그렇다면 완벽한 착한 사람이 될 수 없는 자신을 부정하는 결과가 된다. 사람은 착한 사람일 필요도, 착한 사람을 목표로 할 필요도 없다. 그렇다고 부족한 점을 인정한다는 말이 '부족해도 괜찮다'고 포기하라는 의미는 절대 아니다.

내가 상담을 하면서 "당신은 지금 그대로 괜찮아요."라고 말했더니, 한 고객은 "그럼 제 결점은 고치지 말고, 그대로 있어도 괜찮다는 말인가요?"라고 되물었다. 자신에게 결점이 있다면 당연히 고치는 편이 좋다. 하지만 결점이 있고 없고와 상관없이 사람은 살아있는 것만으로도 가치있는 존재란 것을 잊으면 안 된다. 자신의 부족한 점을 솔직히 인정하고 그것을 전제로 살아가는 태도가 필요한 것이다.

있는 그대로의 나는 모든 사람에게 열려있는 세계

자신의 부족한 점을 인정하지 못하면 다른 사람의 부족한 점만 눈에 띈다. 하지만 자신이 부족함을 인정하면 다른 사람의 부족함도 신경 쓰이지 않는다. 이 세상에는 완벽한 사람이라는 것이 존재하지 않기 때문에 누구나 뭔가가 부족하다는 사실을 받아들이게 된다. 그래서 서로 부족한 부분을 보충하면서 도와줄 수 있다. 예를 들어 회사 같은 집단의 구성원들을 생각해보면 쉽게 이해가 될 것이다. 세상 사람 모두가 스님이나 신부님 같은 인격자만 있다면 무슨 재미가 있겠는가? 다양한 성격과 사고 방식을 지닌 사람이 있기 때문에 다양한 드라마가 탄생한다.

부족한 점도 포함해서 자신의 모든 것을 받아들일 수 있는 것이 있는 그대로의 나를 인정하는 것이다. 경쟁의 세계에서는 최고를 목표로 하지만, 있는 그대로의 나를 받아들이는 것은 협조의 세계다. 일등의 자리는 오랜 투쟁 끝에 단 한 사람에게 주어지는 영광의 월계관이지만, 있는 그대로의 나를 받아들이는 것은 모든 사람에게 열려있다.

엄격한 윤리 기준을 버려라

착한 사람은 어릴 때부터 훌륭한 사람이 돼야 한다고 생각하는 경향이 있다. 그래서 스스로에게 엄격한 윤리 기준을 적용하고 마치 성인군자처럼 살려고 한다. 하지만 사람은 누구나 이기적인 면을 지니고 있다. 천재지변이 일어나 많은 사람이 목숨을 잃어도 자신의 이가 아프면 그 걱정이 앞선다. 남의 불행은 고소해서 실패하면 은근히 기쁘다. 모두가 동경하는 유명 인사가 스캔들을 일으키면 인터넷 뉴스를 모조리 뒤져서 읽게 된다. 상사나 동료의 뒷담화로 분위기가 무르익는 경우도 자주 볼 수 있다. 아무리 남들 앞에서는 좋은 말만 해도 속으로는 전혀 다른 생각을 하는 것이 인지상정이다.

그리고 누구나 다양한 감정과 욕망을 가지고 있다. 물론 성인군자를 목표로 하는 착한 사람이라도 예외는 아니다. 친구들이 좋은 차를 사면 자기도 갖고 싶지만, 그런 사치는 해서는 안 된다고 무의식적으로 억압한다. 길을 가다 멋진 이성을 발견해도 불순한 생각을 하면 안 된다고 스스로를 억압하니, 무의식의 세계는 점점 오염된다. 그러다 무의식의 쓰레기통이 넘치면, 폭발하듯 화를 내거나 우울증과 같은 마음의 병을 앓는다. 처음부터 보통 사람이 성인군자가 되려는 것 자체가 잘못이다. 있는 그대로의 나를 받아들이면, 무의식의 쓰레기통이 넘칠 일이 없다.

나가시마 시게오 씨의 방식

잠시 내 이야기를 좀 하겠다. 나는 있는 그대로의 나로 살기 위해 나가시마 시게오(요미우리 구단 선수이자 감독. 아테네 올림픽 때 일본 야구 대표팀 감독을 역임했다-역주)를 롤 모델로 삼고 있다.

나가시마 씨가 2004년 3월에 뇌경색으로 쓰러지기 전까지는 일본 스포츠계의 태양 같은 존재였다. 일본 전국이 나가시마 씨의 활약을 보면서 힘을 얻었으니 말이다. 나가시마 씨에게는 젊은 시절부터 수많은 일화가 있지만 여기서는 세 가지만 소개하고자 한다.

나가시마 씨는 현역 시절 초등학생인 장남 가즈시게를 차에 태우고 자주 도쿄의 덴엔초후에 있는 집에서 고라쿠엔 야구장에 갔었다. 가즈시게는 포수 백네트 뒷자석에서 아버지의 시합을 관람했다. 그런데 나가시마 씨는 시합에서 홈런을 치면 기분이 너무 좋아서, 가즈시게를 데리고 왔다는 사실을 까마득히 잊어버리고 기분좋게 혼자 차로 귀가하곤 했다. 그때마다 구단의 관계자가 가즈시게를 알아보고 집까지 차로 데려다주었다.

나가시마 씨가 현역 시절 호텔 숙박용지를 작성할 때, 직업란에 적었던 것은 '요미우리 자이언츠'나 '프로 야구 선수'가 아니었다. 놀랍게도 그는 직업란에 '나가시마 시게오'라고 썼다고 한다. 내가 직업란에 '오가타 도시오'라고 적으면 호텔 프론트 직원이 이름은 다른 칸에 적으라고 한소리 했을 것이다.

이기적인 사람에게 우아하게 복수하는 일곱 가지 방법

나가시마 씨의 애칭은 '미스터 자이언츠', '미스터 프로 야구' 혹은 '미스터'였다. '미스터 ○○'라는 사람은 많이 있지만, 그냥 '미스터'라고 하면 나가시마 씨를 가리킨다는 것을 대부분의 일본 사람들이 알고 있다. 그 정도로 유명하니 직업란에 '나가시마 시게오'라고 써도 웃으며 받아들인다.

지금은 교통카드로 자동 개찰구를 통과할 수 있지만, 예전에는 역무원이 개찰구에서 표를 끊어주었다. 하지만 나가시마 씨는 귀찮아서 표를 사지 않았다. 개찰구에서 '수고하십니다!'라고 손을 흔들면서 그 특유의 미소로 빠져나갔다고 한다. 나가시마 씨가 나타나 역무원이 깜짝 놀란 사이에 휙 지나가버린다. 그래서 동행이 있을 때는 그 사람이 나가시마 씨의 표를 사서 뒤쫓아 갔다고 한다.

그처럼 자유롭게 살고 있는 나가시마 씨지만 그런 이유로 사람들에게 미움을 받을까? 오히려 일본 전 국민으로부터 사랑받고 있다. 놀랍게도 여든이 넘은 현재까지, 현역 선수들을 제치고 '가장 좋아하는 스포츠 선수' 5위에 오르기도 했다.

나가시마 씨를 미워하는 사람은 노무라 가츠야(라쿠텐 골든 이글스 명예 감독-역주) 정도가 아닐까 싶다. 하지만 나가시마 씨가 노무라 씨에게 사랑받으려고 노무라 씨의 표정을 살피고, 기분을 맞추었다면 어땠을까? 더 이상 그는 천진난만한 나가시마 씨가 아니다. 사실 노무라 씨도 '나가시마가 해바라기라면 나는 달맞이꽃이야'라고 말했던 것처럼, 나가시마 씨가 부러웠을 뿐이지 정말 미웠던 것은 아닐 것이다.

착한 사람을 그만두고 자기 감정에 솔직히 살아도, 착한 사람이 걱정했던 것만큼 남들에게 미움받지 않는다. 오히려 더 큰 사랑을 받는 경우를 흔히 경험한다. 있는 그대로의 나로 살게 되면, 뭘 해도 자유롭다. 그러니 마음의 짐을 덜 수 있고, 그런 여유로움이 주변 사람들에게도 긍정적인 영향을 끼치는 것이다.

STEP 7 나를 있는 그대로
받아들일수록 행복의 크기가 커진다

드디어 착한 사람도 있는 그대로의 나를 받아들여서 자신의 정체성을 확립할 때가 왔다. 애니메이션 〈호빵맨〉의 주제가 〈호빵맨의 행진〉의 노랫가사는 '무엇을 위해 태어나서 무엇을 하며 사는지, 대답할 수 없는 건 용납할 수 없어'라는 말로 시작된다. 어린이를 위한 애니메이션인데 얼마나 철학적인 가사인가? 이는 정체성에 관한 질문을 제대로 던지고 있다. 많은 사람들이 잘못 알고 있는데, 정체성은 그리 대단한 것이 아니어도 된다. 예를 들어 나는 '약을 먹어도 낫지 않고 고통받는 사람들을 카운슬링하는 일'을 나의 정체성 일부로 삼고 있다.

그렇다면 호빵맨은 무엇을 위해 살아갈까? 대답은 가사 마지막에 나오는 '모든 사람의 꿈을 지키기 위해서'이다. 중요한 것은 사회나 가정에서 뭔가 역할을 맡는 일이다. 역할을 맡는다는 것은 남에게 도움이 된다는 것이다. 착한 사람도 드디어 착한 사람의 가면을 벗고 〈호빵맨의 행진〉의 질문에 대답할 수 있는 때가 왔다.

진정한 착한 사람이란?

착한 사람들은 살면서 여러 가지 어려움에 직면하게 된다. 그런 착한 사람은 하루빨리 졸업하는 것이 좋다. 그것은 진정한 의미의 착한 사람이 아니기 때문이다. 앞서 다룬 것처럼 착한 사람을 연기하는 편이 유리하기 때문에 의식적으로 착한 사람을 연기하고 있는 '가짜 착한 사람' 역시 진정한 착한 사람은 아니다.

　그렇다면 과연 진정한 의미에서의 착한 사람은 없을까? 내가 사는 아파트에 청소 일을 하시는 아저씨가 있다. 회사를 정년 퇴직한 후 그 일을 하시는데, 늘 웃으면서 아파트 내를 청소하신다. 에어컨도 없이 더운 쓰레기장 한쪽에서 사람들이 버린 악취가 심한 쓰레기를 분리 수거하는 것은 고된 작업이라고 생각한다. 그러나 싫은 내색 한 번 하지 않고 늘 묵묵히 작업을 한다. 그 아저씨를 만나면 언제나 마음이 정화되는 듯한 기분이 든다.

　보통 착한 사람이라 불리는 사람들 중에는 이 책에서 다룬 착한 사람이 많지 않을까 한다. 그렇다면 이 책에서 다룬 착한 사람과 진정한 착한 사람의 차이점은 무엇일까? 이 책에서 다룬 착한 사람은 자기 자신을 인정할 수 없어서, 다른 사람에게 인정받기 위해 착한 사람이 되려는 것이다. '몹쓸 자신'에 대한 이상적인 자아상을 착한 사람으로 설정해버린 것이다. 이들은 자신을 위해 착한 사람이 되려 한다고 볼 수 있다.

반면에 진정한 착한 사람은 자신을 있는 그대로 인정하고 받아들인다. 자신에게 만족하고 있기 때문에 자연스럽게 다른 사람에게 관심을 보내고, 다른 사람을 대할 때도 그들을 있는 그대로 인정한다. 그러다 보니 자연스럽게 다른 사람들에게도 인정받는다. 이기심이 없는 진정한 착한 사람의 모습은 그런 것이다.

자신이 사는 목적에 몸을 맡겨라

우리가 흔히 성인이나 위인이라 부르는 테레사 수녀님, 마하트마 간디, 알베르트 슈바이처 등도 당연히 착한 사람이다. 하지만 착한 사람이 성인이나 위인을 흉내내려 해도, 결코 그렇게 될 수 없다. 오히려 성인이나 위인이 될 수 없는 자신을 부정하게 되므로, 인생이 더 힘들어진다.

테레사 수녀, 간디, 슈바이처 같은 사람들은 자신이 사는 목적을 찾아 오로지 그 목적을 위해 몸을 맡겼다. 그리고 그 과정에서 자기 자신을 인정하고 남을 받아들였다. 그러니 성인이나 위인을 흉내내는 것이 아니라 살아가는 목적을 찾아 있는 그대로의 자신을 받아들일 때, 그러한 사람들에게 조금씩 가까워질 수 있다.

자기 자신을 얼마나 받아들일 수 있는가

있는 그대로의 나를 인정한다는 것은 간단한 것 같지만 대단히 어려운 일이다. 이는 자신의 솔직한 감정, 솔직한 생각, 자신의 부족한 점을 받아들이는 것뿐만이 아니라, 자신의 고민 역시 그대로 인정하는 것을 필요로 한다. 성욕, 출세욕, 물욕, 금전욕 등의 욕망을 받아들일 필요도 있다. 그리고 인생의 후반에는 자신의 노화, 질병, 죽음을 받아들일 필요도 있다.

사람은 역경이나 괴로움을 만나면 어떻게든 거기에서 벗어나려고 한다. 하지만 그 역경이나 괴로움에 몸을 맡길 각오가 되면, 마음이 정말 편안해진다. 그렇게 하면 술과 도박, 쇼핑뿐 아니라 사람을 미워하거나 자신을 책망하는 것도 실은 괴로움에서 도망가고 싶었기 때문이라는 사실을 깨닫게 된다. 이처럼 많은 것을 받아들일수록 점점 사는 것이 편해진다. 괴로워하거나 불안을 느끼거나 화를 내는 대신에, 행복을 느끼는 시간이 점점 늘어간다. 그리고 자연스럽게 살아있는 것에 감사할 수 있다. 자신의 죽음을 받아들이면 그 후의 인생을 신중하게 살 수 있다. 그리고 마지막으로 사람이 받아들이는 것은 자신의 운명이다. 질병, 죽음, 고통스런 환경 등 모든 것을 자신의 운명으로 받아들이는 것이다.

야자와 에이키치(히로시마 출신의 록 가수-역주) 씨는 말한다. '내 인생은 모두 옳았다. 열여덟 살 때 밤 기차를 타고 히로시마에서 상경한 것도, 캐롤을 만든 것도, 밴드를 해산한 일도 옳았다. 배신당한 것도 포함해 모두 옳았다. 왜 옳다고 말할 수 있는가? 그것은 도중에 걸어온 길도 포함해서 전부 내가 그린 그림이기 때문이다. 다른 사람이 그려준 그림이 아니니기 때문이다.'

나는 '자기 자신을 얼마큼 받아들일 수 있느냐'가 그 사람의 행복의 크기를 결정한다고 생각한다. 우선 있는 그대로의 자신을 받아들이자. 그리고 자신에게서 가족으로, 그리고 주변 사람에게로 그 범위를 넓혀가보자. 그럴수록 행복의 크기가 더 커진다. 상대방을 받아들이면 상대방도 나를 받아들여주기 때문에, 행복의 선순환이 일어난다. 그것이 착한 사람이 오랜 세월 동경해도 결코 될 수 없었던, 진정한 착한 사람에게 가까이 가는 길이다.

지금까지 우리는 착한 사람의 특징과 그들을 힘들게 하는 여러 문제들, 그리고 착한 사람을 그만둘 수 있는 방법까지 모두 살펴보았다. 행동에 옮길 마음의 준비가 되었다면, 이대로 책을 덮어도 무방하다. 그러나 '왜 착한 사람이 되려고 했던 것일까', '어쩌다 착한 사람으로 자라게 된 것일까'라는 의문이 아직 남아 있다면, 3부에서 그런 의문을 해소할 수 있을 것이다.

왜 착한 사람은 이토록 사람들에게 미움받는 것을 두려워하며, 업무나 집안일에 완벽을 추구하고, 다른 사람에게 좋은 사람이 되려 애쓰는 것일까? 그 원인은 착한 사람이 나고 자란 성장 환경과 밀접한 연관이 있다.

3

번번이 후회하는 일을 맺고 끊기 위한 심리학

07

네 명의 착한 사람은 어떤 심리였을까?

어린 시절의 경험과 무의식에 자리 잡은 가치관은 착한 사람으로 살아야 한다는 신념을 만든다. 우선 이 장에서는 앞서 등장한 네 명의 착한 사람이 어떻게 자랐는지 순서대로 살펴보기로 하자.

직장에서도 연인에게도 이용만 당하는 A씨의 어린 시절 이야기

A씨는 큐슈에서 태어났다. 초등학교에 입학할 무렵 아버지의 전근으로 도쿄로 이사했다. 시골에서 자란 A씨는 좀처럼 도쿄 생활에 적응하지 못했다. 초등학교에서는 사투리를 쓴다고 놀림을 받았고, 친구들 그룹에도 들어갈 수가 없었다. 반면 A씨의 언니는 적극적인 성격에다 공부도 잘했다. A씨는 얌전한 성격으로 어릴 때부터 언니 뒤에 숨어있는 존재였다.

A씨의 아버지는 농가의 일곱 형제 중 막내로 자랐다. 공부를 잘해서 장학금을 받고 지방의 국립 대학을 나왔다. 졸업 후, 큐슈의 회사에 취직했지만 얼마 지나지 않아 본사가 도쿄로 이전했다. 직장에서는 요령있게 행동을 못해서 인간관계에 고전했다. 입사 동기보다 승진이 늦어 겨우 과장 승진 시험을 보는 데까지 왔지만, 승진 시험에서 세 번이나 떨어진 후에는 일에 대한 의욕을 잃어 비관적인 사람이 되었다.

아버지는 자신의 열등감을 자식들에게 풀었다. 자녀교육에 엄격하고 교육열이 강해서 화를 잘냈다. 그 바람에 A씨는 초등학교 때부터 공부 압박에 시달렸고, 스트레스 때문인지 위통을 자주 앓았다. 아버지는 반에서 일등인 언니와 비교해서 A씨에게 "너는 안 돼!"라는 말을 자주 하곤 했다. 한번은 텔레비전을 가까이에서 보고 있다가, 갑자기 아버지에게 매를 맞기도 했다. 그 후부터는 아버지가 두려워졌다. A씨도 열심히 노력했지만 고등학교 공부는 따라가기가 힘들었고 성적이 떨어졌다. 스스로가 가치없는 사람으로 느껴졌다.

어머니는 전업주부로 가정적인 사람이었다. 아버지가 하라는 대로 했지만, 딸에게는 늘 남편의 험담을 했다. 아버지는 술을 좋아하는 데다가 여자 관계가 복잡해서 술집 여자들과 잘 교제하곤 했다. 그래서 부부간에 싸움이 끊이질 않았다.

A씨는 대학에 입학한 후 좋아하는 역사를 열심히 공부했다. 아르바이트에서 알게 된 남성과 교제도 했다. 그 후로는 사귀는 사람과 헤어지면 바로 다른 남자를 만들어 늘 누군가와 사귀고 있었다.

그러던 중 아버지에게 여자가 생겨 A씨가 스물한 살 때 부모가 이혼을 하고 A씨는 어머니가 맡게 되었다. 전업주부였던 어머니는 생활이 어려워졌고, 이혼한 지 반 년 후에 지인으로부터 소개받은 사람과 재혼했다. 새아버지는 성실한 사람이었지만 A씨는 좀처럼 친해지지 못했다. 부모가 이혼한 후로는 결혼에 대해 비관적인 생각이 들곤 했다. A씨는 어머니를 버린 아버지가 미웠다. 그러다 스물세 살 때 아버지와 다툰 후로 10년 이상 아버지를 만나지 않으며 살아왔던 것이다.

부장님과 부하 사이에 껴버린 B씨의 어린 시절 이야기

도호쿠 지방 출신인 B씨에게는 위로 형이 하나 있었다. 부모님은 B씨가 초등학교 6학년 때 이혼하고 아버지가 자식들을 맡았다. B씨에게는 중학교에 들어가기 전까지의 기억이 거의 없다. B씨에게 어머니는 초등학교 입학식 때 함께 찍은 사진 속의 어머니뿐이다. 자신의 어머니가 어떤 사람인지, 왜 이혼했는지 알고 싶었지만, 아버지나 형에게 물어보면 안 될 것 같아서 한 번도 물어본 적이 없었다. 아버지도 형도 어머니 얘기는 하고 싶어하지 않았기 때문이다.

아버지의 말에 따르면 B씨는 초등학교 때는 조용한 아이로 친구들을 잘 사귀지 못하고, 혼자서 책을 읽곤 했다고 한다. 그래도 성적은 좋아서 담임 선생님이 마음에 들어했다. 그것을 시기하는 친구들이 구두나 책가방을 숨기거나 괴롭히는 일도 있었다.

B씨는 중학교 때 과학부에 들어갔다. 처음에는 곤충이나 천체 관측에 흥미가 있었지만 거기에서 컴퓨터를 접했다. 수학

을 곧잘 했던 B씨는 프로그래밍의 재미에 푹 빠졌다. 그 후로 어두웠던 성격도 밝게 변했다. 중학교 3학년 때는 과학부 부장도 맡았다. 착하고 박식한 B씨를 후배들도 잘 따랐다.

명문 고등학교에 입학한 후로는 아버지가 매일 아침 일찍 일어나 도시락을 싸주었다. 늘 아버지에게 짐이 되어 미안하다고 생각했기에, 별다른 사춘기도 없었다. 오히려 형은 중학생이 된 후부터 불량한 친구들 그룹에 들어가 학교도 잘 나가지 않았다. 그리고 흡연과 절도로 자주 경찰서에 들락거렸다. 형을 데리러 경찰서에 가는 아버지를 보면서 자신만이라도 아버지를 힘들게 하지 말자고 결심했다. 또 조금이라도 아버지를 도우려고 청소와 빨래 등 집안일을 최대한 거들었다.

고등학교에서는 딱히 특별 활동을 하지 않았지만, 집에서는 취미로 자주 프로그램을 제작했다. 이과계 과목 성적이 좋아서 도쿄의 사립 대학에 들어가고 싶었지만 아버지의 부담을 덜어주려고 지방의 국립 대학 정보공학과에 진학했다.

대학 시절에는 편의점과 학원 강사 아르바이트를 했고, 자투리 시간에는 거의 집에서 컴퓨터와 씨름하며 프로그래밍 삼매경에 빠져 지냈다. 여자를 소개 받은 적도 있었지만 여자와 단 둘이 있으면 심장이 뛰어서 거의 아무 말도 못했다. 이 무렵부터 자신은 평생 독신일 것이라는 생각을 했다고 한다.

네 명의 착한 사람은 어떤 심리였을까?

배우자에게 지나치게 의존하는 C씨의 어린 시절 이야기

C씨는 일본의 북관동 지방 출신이다. 아버지는 지방 공무원으로 조용하고 성실한 사람이었다. 일은 열심히 했지만 아이들에게는 별로 관심이 없었다. 반면 어머니는 감정의 기복이 심하고 아이들에게 대단히 엄격한 사람이었다.

C씨는 오빠와 여동생이 있는 삼남매 중 중간이었다. 집안일은 거의 어머니가 도맡고, 아버지는 존재감이 없어서 모자 가정에 하숙생이 한 명 같이 사는 것 같았다. 어머니는 늘 아버지나 친척, 이웃 사람들의 험담을 했다. 그때마다 C씨는 조용히 어머니의 말을 잘 따라주는 아버지가 심한 말을 듣는 게 참기 힘들었다고 한다.

C씨는 가장 기억에 남는 일로 이런 얘기를 들려주었다. 어릴 때 그녀가 어머니의 신경을 거스르는 일을 하자, 바로 집에서 쫓겨났다. 아무리 울어도 어머니는 현관문을 열어주지 않았다. 점점 주위가 어두워져 무서워지기 시작했을 무렵, 아버지가 귀가해 집안에 들여주었다. 그 일이 있은 후부터는 차라리 자신도 고아였으면 좋겠다는 생각을 했다. 운동회 때 친구가 부모님과 사이좋은 모습을 보면 그렇게 부러울 수가 없었다.

C씨는 오빠나 여동생만큼 어머니의 사랑을 받지 못했다. 여동생은 어머니에게 응석을 잘 부렸지만, C씨가 마찬가지로 응

석부리면 "까불지 마!"라며 혼이 났다. 대신 늘 어머니로부터 "너는 듬직한 애야."라는 말을 들었다. 그런 말을 들으면 어머니에게 도움이 되어야 한다는 생각이 들었다. 그리고 점점 어머니에게 푸대접을 받는 아버지가 싫어졌다. 공부를 좋아했던 C씨는 어머니에게 인정받으려고 열심히 공부했다. 하지만 어머니는 좋은 성적표를 보여줘도, 학생회장이 되어도, C씨를 칭찬해주지는 않았다.

C씨가 중학교에 들어간 후부터 아버지는 집에서 술을 마시는 양이 늘어, 알코올 중독의 증세를 보였다. 이제 와 생각해보면, 직장에서 동료들과 잘 지내지 못했던 것 같고, 일과 어머니에게 받은 스트레스를 술로 달래려고 했던 것 같다. 주말에는 아침부터 술을 마셨다. 그리고 의식이 없어질 정도로 취하면 그렇게 얌전하던 아버지가 어머니와 싸움을 하기 시작했다. 한번은 육탄전으로 발전해서 겁이 난 C씨가 경찰에 신고할 뻔한 적도 있었다. 그 후로 집안 분위기는 한층 더 살벌해졌다. C씨는 빨리 집에서 나가고 싶다는 바람뿐이었다.

열심히 공부해서 그 지역에서는 가장 좋은 명문고에 진학했고, 도쿄의 한 국립 대학에 입학해 집을 나갈 수 있었다. 그때부터는 동아리 활동도 하지 않고 오로지 공부만 하면서 드디어 자유롭게 되었다고 안심했다.

여자친구와 헤어지지 못하는 D씨의 어린 시절 이야기

D씨는 가나가와 현 출신으로 두 살 아래 여동생이 하나 있다. 직업 군인인 아버지는 검도 3단의 실력자였으며, 훈장을 받은 것이 큰 자랑거리였다. 엄한 할머니 밑에서 자랐던 어머니는 매우 신경질적이었고, 늘 어두운 표정으로 묵묵히 집안일만 했다.

그런데 아버지는 여동생에게만 자상하고 D씨에게는 매우 엄격했다. 아들이라 기대가 컸는지도 모른다. 조금만 잘못하면 마당에 있는 창고에 갇히곤 했는데, 창고 안은 춥고 어두웠다. 저녁 식사 때 어머니가 데리러 올 때까지, 울다가 지친 채로 어둠 속에서 마냥 기다리는 수밖에 없었다. D씨는 초등학교 때 공부를 잘 못했던 터라, 아버지가 공부를 가르쳐줄 때마다 야단을 많이 맞았다. 그래서 늘 자신감이 없었고 주눅이 들었다. 그래서였는지 왕따를 당한 적도 있다. 운동도 공부도 잘하는 여동생이 부럽기만 했다.

어머니는 아버지와 반대였다. 몸이 약해서 자주 감기에 걸리거나 배탈이 나는 D씨가 행여 불면 날아갈까 응석을 받아주었고, D씨가 원하는 것을 먼저 알아서 해주고는 했다.

그러던 D씨가 중학교에 들어가자 갑자기 몸집이 커지고 달리기도 빨라졌다. 테니스가 재미있어서 소프트 테니스부에 들어갔다. 중간고사와 기말고사 전에는 열심히 공부해서 중학교

3학년 때는 반에서 상위권까지 올라갔지만 아버지는 좀처럼 칭찬해주지 않았다.

그 후 시립 대학의 경제학과에 진학했다. 테니스 동호회 활동을 하면서 주유소 등에서 아르바이트도 많이 했다. 하지만 D씨는 즐거워야 할 대학 생활을 진심으로 즐길 수 없었다. 이상하게 이질감을 느꼈다. 친구들과 여행을 가도 경치에 감동할 수 없었다. 테니스 시합에서 이겨도 기쁘지 않고, 져도 속상한 마음이 들지 않았다. 스스로 뭔가 문제가 있는 사람이라는 생각까지 들었다.

그러던 중 테니스부에서 만난 두 살 연하인 후배와 사귀기 시작했다. 처음에는 선배인 D씨가 리드했지만 어느 새부터인가 그녀가 주도권을 쥐고 있었다. D씨는 늘 그녀의 기분이 어떤지 신경이 쓰였다. 미움받지 않을까 불안했기 때문이다. 그러나 D씨가 이별을 걱정하면 할수록 그녀는 서서히 멀어져갔다. 머지않아 그녀에게 새로운 남자친구가 생겼다는 소문을 들었다. 취업 시즌이 됐을 때는 어떤 업계에 취업해야 할지 정하지 못했지만 일단 인기 기업 랭킹에 오른 기업에 도전했다. 몇 개 회사에서 합격 통지를 받았는데, 아버지가 추천하는 제약 회사를 선택했다.

사례 속 네 명 모두 애정이 넘치는 사이좋은 부모 밑에서 자라지 못했다. 오히려 이들의 어린 시절을 살펴보면 스산한 긴 장감마저 느끼게 한다. 그렇다면 성장 과정은 어떻게 그 사람의 성격에 영향을 미치는 걸까? 다음 장에서는 착한 사람의 성장 과정과 성격 형성의 관계를 살펴보도록 하겠다.

08

착해야 한다는 심리에서 벗어나 우아하게 복수한다

착한 사람은 기본적으로 남들에게 미움받는 것이 두렵다는 강한 불안감을 지니고 있다. 왜 그들은 모두에게 착한 사람이 되려고 하는 것일까? 이 장에서는 착한 사람의 성격과 사고방식의 규칙이 어떻게 만들어지는지 살펴보겠다.

왜 '적당히 좋은 어머니'가 되어야 할까?

● chapter 08

사람의 성격에 대해 '세 살 적 버릇 여든까지 간다'라는 속담이 있다. 세 살 때 성격은 나이를 먹어도 변하지 않는다는 뜻이다. 이 속담이 시대를 초월해 통용되는 이유는 사람의 성격에 대한 진실을 제대로 설명하고 있기 때문이다.

　헝가리의 정신과 의사 마가렛 말러는 ≪분리 개체화 이론≫이란 자신의 저서에서 유년기 발달을 깊이 있게 다루었다. 그 이론에 따르면 세 살 무렵 아이의 정신 세계에 어머니의 존재를 분명하게 인식시키면, 신체적인 접촉이 없어도 모자 간의 연결고리를 확신할 수 있다고 한다. 그렇기 때문에 어머니와 일정 기간 떨어져있어도 불안해하지 않는다. 이를 통해 자신과 타인의 존재를 구분하게 되며 자율적 자아의 기초가 확립된다. '세 살'이란 모자 간의 연결고리를 확신하고 자녀가 어머니로부터 처음으로 독립하는 시기이기 때문이다. 그리고 모자 간의 연결고리를 확신할 수 있느냐 없느냐가 앞으로의 인생에 큰 영향을 미친다.

물론 크게 좌절하거나 트라우마를 겪거나, 중병에 걸리거나, 직계 가족이 사망하거나, 상실감에 빠지는 등의 괴로운 경험 혹은 원하는 학교나 직장에 들어가거나, 일에서 성공하고, 명상으로 마음이 해방되는 등의 성공 체험에 의해서도 세 살 이후에 성격은 어느 정도 변할 수 있다. 그러나 그런 큰 변화가 없는 이상, 사람의 성격은 유년기부터 노년기까지 크게 바뀌지 않는다.

자존감과 자기효능감에 대하여

'세 살 적 버릇 여든까지 간다'에서 '세 살'이라고 하면 아직 유치원에도 갈까 말까 한 나이다. 당연히 부모와 지내는 시간이 대부분이다. 특히 실제로 양육을 담당하는 어머니와의 관계는 절대적이다. 막 태어난 갓난아기는 아무런 힘이 없고 혼자서는 아무것도 못한다. 식사, 배설, 병 간호 등 생명 유지의 모든 것을 어머니에게 맡길 수밖에 없다.

그런데 아이의 성격이 다양하듯 어머니의 성격도 다양하다. 어머니의 다양한 성격이 아이에게 영향을 준다. 그중에서도 가장 중요한 것이 어머니의 자존감과 자기효능감이다. '자존감'이란 자기 자신을 믿는 것, 혹은 타인이 자신을 믿는다고 느끼는 정도를 나타낸다. '자기효능감'이란 자신의 수행 능력이나 학습 능력에 연관된 자신감이나 신념을 말하며 '나는 할 수 있어'라는 생각이다. 자존감이나 자기효능감이 높다는 것은 스스로를 믿고 자기 자신을 있는 그대로 받아들인다는 것이다. 자기 자신을 받아줄 수 있는 어머니는 자신의 아이도 받아줄 수 있고, 자녀 양육에도 자신감이 생긴다.

적당히 좋은 어머니

이런 어머니를 영국의 소아과 전문의이자 정신과 의사인 위니콧은 '적당히 좋은 어머니(Good enough)'라고 불렀다. 그는 적당히 좋은 어머니를 다음과 같이 설명한다. '적당히 좋은 어머니란 어머니에게 완전히 의존하는 유아를 적당히 안아줌으로써 유아에게 적절한 만족감을 제공하는 어머니를 말한다.' 적당히 좋은 어머니는 아이의 욕구에 적절히 응해준다. 거기에서 유아는 자기 자신에 대한 주관적인 감각이나 표현, 창조성을 기르고, 인간관계에 대한 욕구를 채울 수 있다. 또한 유아의 만능감을 서서히 줄여나감으로써 현실 세계에 적응할 수 있도록 해준다. 위니콧은 이때 어머니로서의 '적당히 좋음'은 어머니가 된 각자가 자연스럽게 육아를 통해 기르는 감각이지, 육아 책에서 배울 수 있는 것은 아니라고 말했다.

적당히 좋은 어머니는 자연스럽게 아기에게 다가간다. 예를 들면 배가 고플 때 우유를 원하는 만큼 먹을 수 있는 아기는 안심을 하게 된다. 그리고 어머니에게 안겨 안심하고 잠들 수 있다. 이렇게 자라면 살아가는 데 안도감을 느낄 수 있다.

자존감이나 자기효능감이 높은 어머니가 기르는 아이는 '나는 어머니에게 사랑받는 소중한 존재야'라고 생각하며, 스스로에 대한 자신감을 가지게 된다. 그리고 자신은 소중한 존재이기 때문에 다른 사람도 소중한 존재라고 여겨서 가족과 친구도 수용할 수 있다.

지나치게 방치하거나,
지나치게 간섭하거나

● chapter 08

자존감이나 자기효능감이 적은 어머니는 매사 자신감이 없고 불안한 성향을 보인다. 마음의 병까지는 아니더라도, 정신적으로 불안정해서 마음이 어느 정도 병들어있는 상태라 볼 수 있다. 당연히 육아에도 자신감을 가질 수 없다. 이런 어머니의 모습을 보면서 자라는 아이는 훗날 자신의 아이를 기를 때 필요한 양육의 모범을 배우기 어렵다.

그래서 이런 사람들은 자녀를 양육할 때 극단적인 생각이나 행동을 한다. 옛날부터 '자식에게는 지나치게 응석을 받아주거나 지나치게 엄하지 않게 하라'고 했다. 지나치게 풀어주거나 지나치게 강압적으로 대하면 좋지 않다는 뜻이다. 하지만 자존감이나 자기효능감이 낮은 어머니는 둘 중 하나의 극단적인 양상을 띤다. 그래서 지나치게 간섭하거나, 아니면 지나치게 방치하는 양극성을 보인다. 그 중간의 '적당히 좋은 어머니'가 못 되는 것이다. 위니콧은 이를 육아 책에서 배울 수 있는 것은 아니라고 했는데, 실제로 어머니의 자존감이나 자기효능감이 낮으면 아무리 육아 책을 많이 읽어도 '적당히 좋은 어머니'는 되지 못한다.

착한 사람이 어머니가 되면 '응석을 받아주는 엄마'가 되는 경우가 많은데 이에 대해서는 뒷부분에서 좀 더 자세히 말하도록 하고, 우선은 착한 사람을 만드는 '엄한 어머니'나 '정서적으로 불안한 어머니'에 대해서 좀 더 얘기해보도록 하겠다. 이 책에서는 착한 사람의 천적인 이기적인 사람을 자주 만나는데, 엄한 어머니나 불안정한 어머니는 그런 이기적인 요소를 많이 가지고 있다.

엄한 어머니 & 불안정한 어머니

엄한 어머니나 불안정한 어머니는 착한 사람의 성격을 형성하는 가장 중요한 요인이 된다. 우선 배가 고파서 우는 아기가 어머니의 불안정한 정신 상태에 따라 우유를 제때 받지 못하거나 원하는 만큼 받지 못하면, 아기는 살아가는 데 불안감을 느낀다. 또한 어머니가 화를 내면 아이는 불안해진다. 울면서 어머니에게 매달리는데, 울면 울수록 어머니에게 야단을 맞으니, 아이의 불안감은 점점 커진다. 그리고 그와 같은 일이 반복되면 공포감을 느끼게 된다. 아이는 어머니의 불안정한 성격이 문제가 아니라, 자신이 '나쁜 아이'라서 어머니의 기분이 나쁘거나 화가 난 것이라고 믿는다. 그리고 살아남기 위해 어떻게든 어머니에게 사랑받는 '착한 아이'가 되려고 노력한다.

그렇다고 해도 늘 착한 아이로 있을 수는 없다. 뭔가 어머니의 마음에 들지 않는 일을 할 수밖에 없는데, 그때마다 어머니에게 야단맞는다. 그러면 자신은 어머니에게 야단맞는 '몹쓸 아이'라는 열등감을 가지게 된다. 어머니가 스스로에게 자신이 없으면 결국 아이도 스스로에게 자신감을 갖지 못하는 것이다.

이렇게 양육 받으면, 분리 개체화 이론에서 말한 모자 간의 연결고리를 확신할 수 없다. 그래서 어머니와 떨어지면 불안해한다. 자신과 남의 관계가 명확하게 정립되지 않고, 자율적인 자아의 기초도 확립되지 않는다. 즉 이런 유형의 어머니 아래서는 아이들이 세 살까지 달성해야 할 과제를 완성할 수 없는 것이다.

엄한 아버지의 기대감이 열등감을 만든다

대부분의 가정에서 아이들 교육은 주로 어머니가 담당한다. 그래서 아이의 성격은 어머니에게 제일 큰 영향을 받는 것이 사실이지만, 아버지 역시 어느 정도의 영향력을 미친다. 아버지가 엄하면 아이는 아버지의 기대에 응하는 '착한 아이'가 되려고 한다.

사례 속 D씨의 아버지처럼, 본인이 엘리트라서 자식들에게도 엘리트가 되기를 바라는 경우와 A씨의 아버지처럼 자신이 성공하지 못해서 자식의 성공으로 세상에 복수하고 싶다고 생각하는 경우가 그렇다. 어느 쪽이든 자식은 독립적인 인격체이므로 쓸데없는 참견일 뿐이다. 간혹 메이저리그에서 활약하는 일본의 프로 야구 이치로 선수처럼, 아버지의 기대에 부응해 성공하는 사람도 개중에는 있지만, 대부분의 자식들은 아버지의 기대에 미치지 못한다. 그러면 자신은 아버지의 기대에 미치지 못하는 '몹쓸 아이'라는 열등감을 가지게 된다.

또한 아버지와 어머니의 사이가 나쁘거나 어느 한쪽의 성격이 과격해서 부부 싸움이 그치질 않는다면, 그것을 보고 자란 아이들은 사는 데 불안을 느낀다. 아이 입장에서는 평화로운 마을이 아니라, 전쟁터에서 사는 것과 마찬가지다. 언제 불똥이 튈지 모르기 때문이다. 그래서 이런 환경에서 자라면 늘 쭈뼛쭈뼛하고 불안해한다. 또 싸우지는 않아도 한지붕 아래 별거하듯이 냉랭한 부부 관계 역시 아이들은 직감적으로 눈치채고 영향을 받는다.

어린 시절 부모와의 교감은
얼마나 중요할까?

컴퓨터에는 '윈도우'와 같이 가장 기본적인 운영 체제가 깔려 있다. 이 운영 체제가 컴퓨터의 기본적인 동작을 결정하고, 그 운영 체제 상에서 워드나 엑셀 등 여러 가지 응용 소프트웨어가 작동한다.

그렇다면 사람은 어떠할까? 태어나기 전부터 뇌에는 여러 가지 유전적인 정보가 새겨진다. 그리고 유전의 법칙을 통해 다양한 특성이 자손에게 계승된다. 키가 큰 사람의 자식은 키가 크고, 마른 사람의 자식은 마른 경우가 많다. 재능 또한 유전된다. 발이 빠른 사람의 자식은 발이 빠르고, 노래를 잘하는 사람의 자식은 음악적인 재능이 있을 때가 많다. 병도 어느 정도 유전적인 영향을 받는다. 예를 들어 암, 당뇨, 우울증 등 특정한 병에 걸리기 쉬운 혈통이 있다.

그렇다면 정신적인 부분은 어떨까? 인간은 식욕, 수면욕, 성욕 등의 본능과 분노나 슬픔, 기쁨과 같은 감정을 가지고 태어난다. 또한 뜨거운 것을 만지면 바로 손을 빼는 조건반사도 타고 난다. 야생 속에서 살아남기 위해 반드시 필요한 주요 기능들은 오랜 세월 진화를 통해 터득한 것이다. 이 대부분은 다른 포유류도 가지고 있다. 동물로서 살아남기 위한 기초 프로그램이라고 생각해도 좋다.

성격의 기본은 세 살 때 결정된다

그렇다면 태어난 후에는 어떨까? 우리는 어머니나 아버지의 양육이나 부모님의 사이가 좋고 나쁨을 통해 인간으로서 느끼는 가장 기본적인 내용을 적어나간다. 어머니와 아버지의 자존감이나 자기효능감이 높고, 부부 사이가 좋을 때 자식은 '살아있는 것이 다행이다', '나는 부모로부터 사랑받고 있다', '나는 소중한 인간이다', '사람은 신뢰할 수 있다'라는 긍적적인 내용이 새겨진다.

반대로 어머니나 아버지의 자존감 및 자기효능감이 낮거나 부부 사이가 나쁠 때는 '살아있는 것은 불안하다', '나는 부모로부터 미움받고 있다', '나는 몹쓸 아이다', '사람은 믿을 수 없다'라는 부정적인 내용이 입력된다. 이처럼 부모님과의 관계를 통해 자신에 대한 신뢰감이나 주변 사람들의 관계 등 인간의 가장 근본적인 가치관이 정해진다.

그래서 나는 인간으로서 살아가기 위한 가장 중요한 심리 운영 체제가 세 살 때까지 정해진다고 생각한다. 그러므로 정리해서 요약하자면, 사람의 심리 구조는 살아남기 위해 유전적으로 타고난 심리 운영 체제와 태어나서부터 세 살까지 입력되는 심리 운영 체제라는 2단의 구조를 지니고 있다.

착한 사람 심리 운영 체제는 부모와의 관계에서 만들어진다

옛날부터 사람의 성격에 대해 '천성적으로 타고나는가? 아니면 자란 환경에 따라 정해지는가?'를 두고 오랫동안 논쟁해왔다. 태어날 때부터 유전적으로 정해져있는가 아니면 모든 것이 외부 환경에 의해 입력되는가 하는 문제다. 어느 쪽 영향이 지배적인지는 시대에 따라 변해왔다. 최근에는 학자에 따라 그 비율의 차이는 있지만 유전과 환경 양쪽의 영향을 모두 받고 있다는 생각이 지배적이다. 관심있는 독자는 스티븐 핑커가 저술한 ≪인간은 본성을 타고 나는가≫에 역사적인 배경을 비롯해 관련 내용이 자세하게 정리되어 있으니 읽어보기 바란다.

어쨌거나 어느 정도 유전적인 요소가 있다는 사실은 부정할 수 없다. 아버지가 고집이 세고 어머니가 유순하면, 고집이 센 아이는 아버지를 닮고 유순한 아이는 어머니를 닮았다고들 한다. 부모와 자녀 카운슬링을 하다 보면 신경질이나 의사소통 능력 등도 어느 정도 유전적 영향을 받는다고 느낄 때가 있다. 다만 착한 사람이 기본적으로 가지고 있는 '남들에게 미움받는 것이 두렵다'나 '모든 사람에게 착한 사람이어야 한다'는 강한 욕구는 주로 부모의 양육이나 두 사람의 금슬로 정해진다. 실제로 그간의 착한 사람 카운슬링을 통해, 나는 착한 사람의 기본적인 성격은 환경적인 요소가 압도적으로 영향을 끼친다는 점을 실감하고 있다.

세 살 이후 착한 사람의 심리 운영 체제는 유치원이나 보육원, 초등학교, 중학교, 고등학교, 대학교, 회사 등에서 쌓게 된 여러 경험을 토대로, 사회에서 살아남기 위한 응용 프로그램을 업데이트한다. 다양한 성공과 실패를 경험하며 현재 환경에서 더 잘 살아남기 위한 지혜를 쌓아가는 것이다.

감정과 생각을 억압받을 때

예를 들어 두세 살짜리 아이의 눈동자는 빛난다. 그리고 재미난 일이 없는지 하루종일 두리번거리며 찾아다닌다. 뭔가 일이 잘 풀리지 않거나 짜증나는 일이 있으면, 어머니에게 달려가 울고 화를 낸다. 그렇게 어머니에게 슬픔과 분노를 쏟아붓고 기운이 나면 개운한 얼굴로 다시 재미난 일을 찾아 돌아다닌다. 하지만 어머니 앞에서 울거나 화냈을 때, "남자가 울면

착해야 한다는 심리에서 벗어나 우아하게 복수한다

안 되지." 혹은 "여자가 화내면 안 되지."라고 야단을 맞는다면, 아이는 울거나 화내는 감정을 드러내면 안 된다고 배우게 된다. 그러다 보면 자연스럽게 감정을 억제하려고 한다.

아이는 자신이 하고 싶은 일을 어머니가 허락하면, 자신이 하고 싶은 대로 하며 살아도 된다고 생각한다. 그리고 자주적으로 생각하고 자립적인 아이가 된다. 하지만 자신이 하고 싶은 일을 했는데 어머니에게 야단맞거나 어머니가 하라는 대로 하지 않았다가 "그거 봐, 엄마가 말했잖아."라고 혼나면, 다음부턴 어머니가 말한 대로 해야 한다고 생각한다. 아이 입장에서는 어머니로부터 '내가 말한 대로 해'라든지 '너도 어른이 되면 알아'라는 말을 들으면, 어머니가 하라는 대로 할 수밖에 없다. 그야말로 저주의 말이다.

이렇게 키우면 아이는 자연스럽게 자신의 생각을 억압하고 어머니에게 맞추려고 한다. 어머니가 하라는 대로 해야 세상을 잘 살아갈 수 있을 거라고 믿기 때문이다. 당연히 언제까지나 자립심이 생기지 않고 어머니에게 의존하는 아이가 될 수밖에 없다.

너를 위해서라고 말하지만, 사실은 부모 자신을 위해서

chapter 08

열등감이 강한 사람은 학력과 직업, 지위, 명예, 돈, 옷, 집, 자동차, 취미, 교우 관계, 소속 단체 등에서 자신의 열등감을 감추려고 한다. 자신의 열등감을 감추기 위해 자신만만하게 자랑을 한다든지, 자신이 얼마나 굉장한 사람인지 보여줌으로써 어떻게든 자존심을 지키려고 한다. 하지만 상상해보자. 경건한 신부님이나 스님이 자기 자랑만 한다고 하면, 왠지 저속하게 느껴지지 않는가? 정말 자신있는 사람은 자랑을 할 필요가 없다.

또한 스스로에 대해 자신감이 있는 사람이라도 지위나 명예, 돈이 없어도 별로 곤란하지 않기 때문에, 열등감이 강한 사람처럼 필요 이상으로 추구하지 않는다. 예를 들면 자신이 원하는 대학에 들어가지 못하고 다른 대학에 들어갔다고 치자.

열등감이 강한 사람은 그것을 자신의 최대 오점이라고 여기고, 대학 생활을 즐기지 못한다. 자신은 이런 곳에 있을 사람이 아니라고 생각하고 친구들을 얕본다. 그러나 자신있는 사람은 어쩔 수 없다며 포기하고 대학 생활을 즐긴다.

이런 모습은 부모에게서도 나타난다. 자존감이나 자기효능감이 낮은 부모는 사람들에게 자기 자식을 '착한 아이'라고 자랑해서 자기 열등감을 감추려고 한다. 그렇기 때문에 자신의 아이를 빛나는 착한 아이로 기르려고 한다. 특히 밖에서 사람들을 만났을 때, 아이에게 제대로 인사도 잘하고 얌전하게 구는 모습을 요구한다. 그뿐만이 아니다. 언제나 친구들과 사이 좋게 지내야 하고, 장난감도 친구에게 양보해야 한다. 이런 모습을 자세히 들여다보면, '너를 위해'라고 말하면서 실은 '부모 자신을 위해' 그렇게 강요하고 있음을 알 수 있다.

형제들 사이에서 자연스럽게 만들어지는 특징

성격 형성에 있어서는 형제들도 영향을 미친다. 자기 아이들 중 하나가 문제아면, 부모는 툭하면 "다 똑같이 자라주면 좋으려만."이라고 말한다. 마치 타고난 성격 때문에 문제아가 되었고, 자신에게는 아무런 문제도 없는 것처럼 말이다. 물론 어느 정도 유전적인 요소도 있긴 하다. 하지만 똑같이 키우려고 해도 첫아이 때는 육아가 불안해서 신중하다. 그러나 중간에 낀 아이는 아무래도 방치하기 쉽다. 막내 아이는 자연스럽게 응석을 받아준다. 그에 따라 각각의 육아도 자연스럽게 달라진다. 게다가 자녀가 하나둘, 셋으로 늘수록 육아에 익숙해지면서 육아에 쓰는 시간도 실질적으로 줄어든다.

이를 아이 입장에서 보면 어떨까? 예를 들어 아들 삼형제가 있다고 할 때, 장남과 차남과 막내는 입장이 완전히 다르다. 장남은 태어났을 때는 과자도 마음대로 먹고 장난감도 독차지했다. 아무도 방해하는 사람이 없었다. 하지만 막내는 처음부터 자기 위로 떡하니 두 명이나 버티고 있으니 과자나 장난감을 얻으려면 투쟁해야 한다. 넋 놓고 있으면 다 빼앗기고 만다.

장남은 자신의 의견을 관철시키기 쉽고, 동생과 싸우면 일단 이긴다. 동생은 참는다. 둘째와 막내가 싸우면 둘째가 이기니까 장남은 막내를 두둔하는 일이 많아진다. 장남과 막내의 연합군 형성이다. 그러면 둘째는 고군분투하기 때문에 자연스럽게 의젓해진다.

장남 성격, 차남 성격, 막내 성격이라는 것이 있는데, 이는 이처럼 부모나 형제와의 관계를 통해 자연스럽게 형성되는 형성을 의미하는 것이다.

부모의 편애가 가져오는 것들

거기에 형제자매가 여럿일 때, 부모의 편애는 더 큰 영향을 불러일으킨다. 예를 하나 들어보자. K씨는 남동생을 하나 두고 있다. K씨는 조금 통통하고 얼굴이 까무잡잡했는데, 남동생은 귀여운 외모를 지니고 있었다. 그래서 이들이 유치원에 다닐 때는 남동생이 어머니의 사랑을 한몸에 받았다. K씨는 미운 오리새끼나 마찬가지였다. 하지만 초등학교에 들어가자 상황은 뒤바뀌었다. K씨는 공부를 좋아해 성적이 좋았지만 남동생은 공부를 못했다. 그러자 어머니는 손바닥 뒤집듯 이번에는 K씨를 편애하기 시작했다. K씨는 갑자기 미운 오리새끼에서 백조로 변신했고, 남동생은 가족 서열 1군에서 3군으로 전락하고 말았다.

이처럼 노골적으로 편애를 받으면서, K씨도 남동생도 어머니가 진심으로 자신을 사랑하지 않는다고 생각하게 되었다. 어머니가 사랑하는 것은 남에게 자랑할 수 있는 '귀여운 얼굴'이나 '좋은 성적'일 뿐이라고 믿게 된 것이다.

적당히 좋은 어머니는 어떤 아이든 받아들이고 최대한 공평하게 대하려고 노력한다. 이에 반해 엄한 어머니나 정서적으로 불안한 어머니는 K씨의 어머니처럼 자신에게 도움이 되는 아이는 착한 아이고 자신에게 도움이 안 되는 아이는 나쁜 아이다. 실제로 대하는 방식도 다르다. 아이들은 서로에게 열등감을 가지므로 자연히 사이도 나쁠 수밖에 없다.

네 명의 착한 사람과 부모와의 관계

이쯤에서 사례 속 네 명의 착한 사람들이 부모 및 형제와 어떤 관계에 있었는지를 정리해보겠다. 네 명 다 유감스럽게도, 적당히 좋은 부모 아래서 태어나지는 못했다.

A씨는 아버지가 엄했다. 또한 어머니의 경우, 엄한 어머니나 정서적으로 불안한 어머니까지는 아니었지만, 아이들에게 별로 관심이 없었던 듯하다. 또한 아버지의 여자 관계 때문에 늘 다투기만 하는 부모였다. 이런 가정 환경과 언니에 대한 열등감 때문에 A씨는 자존감이나 자기효능감이 낮아졌다. 또한 아버지와 어머니에게 사랑받고 있다는 느낌이 없었기 때문에, 사랑받고 있다는 느낌을 찾아 남성들 사이를 헤매다녔다.

B씨의 부모님은 B씨가 초등학교 6학년 때 이혼했다. 우연히도 A씨 역시 부모가 이혼했지만, A씨가 스물한 살 때 이혼했기 때문에 A씨의 성격 형성에 그다지 영향을 미치지는 않았다. 하지만 B씨는 어머니가 이혼해서 사라졌다는 사실을 받아들이지 못하고 중학교 때까지의 기억을 거의 잃고 말았다. 사람은 너무 괴로운 기억은 무의식적으로 억압해서 없었던 것으로 만든다. B씨의 형 말에 따르면, 어머니는 화만 내는 엄하고 불안정한 어머니였다고 한다. 그런 어머니 밑에서 자란 B씨는 어머니에 대한 불신감 때문에 여자들과 사귈 수가 없었다.

C씨의 어머니는 전형적인 엄한 어머니다. 그러나 C씨는 어

머니의 "너는 얼마나 힘이 되는지…."라는 말을 믿고 어머니에게 도움이 되어서 사랑 받으려고 했다. 그래서 공부를 잘하거나 학생회장이 되어 어머니로부터 인정받으려고 했지만, 열등감이 강한 어머니는 아이의 성공을 다른 사람에게 자랑은 해도, C씨 본인을 칭찬하는 일은 없었다. 사실은 별로 관심이 없기 때문이다. 자신이 불행하면 자식의 행복을 빌 수도 없다. C씨는 무의식적으로 그런 사실을 깨닫고 고아를 동경하기에 이른다. 한편 C씨의 아버지는 착한 사람이었다. 그러나 모든 것을 장악한 어머니 그늘에 가려져 가정에서 거의 존재감이 없다. 그리고 집과 가정의 스트레스 때문에 알코올의 힘을 빌어 도망가려고 했다. 유감스럽게도 아버지는 어머니로부터 C씨를 지켜줄 방패가 되지 못했다. 그리고 C씨는 어머니에게 사랑받고자 어머니가 미워하는 아버지를 같이 미워했다.

한편 D씨는 엄한 아버지가 많은 영향을 끼쳤다. 그의 아버지는 직업 군인이었기 때문에 D씨에게도 남자다움을 요구했다. 하지만 그렇게 쉬운 일이 아니었다. 아버지의 강인한 성격은 여동생이 물려받고, D씨는 어머니의 상냥함을 물려받았던 것이다. D씨는 초등학교 때 공부를 잘 못해서 아버지로부터 인정받지 못했기 때문에 '나는 형편없는 아이다'라는 열등감이 강했다. 반대로 어머니는 착한 사람이라서 D씨 마음대로 하게 해주었다. 간섭이 심하고 D씨가 무언가를 하기 전에 앞서가서 뭐든지 해주기 때문에, 이 역시 D씨가 자신감을 가지는 데 도움이 되지 못했다. 너무 잘해주거나 너무 엄하게 대해도, 아이는 자신감을 잃기 때문이다.

평생을 지배하는 '해야 한다'의 법칙

지금까지 살펴본 것처럼, 엄한 어머니, 정서적으로 불안한 어머니, 엄한 아버지, 싸우기만 하는 부모에게서 자란 사람은 착한 사람이 되어야 한다는 의무감을 떨칠 수 없다. 그래서 평생이때 만들어진 심리 프로그램의 지배를 받는다. '착한 사람 심리 운영 체제'를 정리해보면 다음과 같다.

· 어머니, 아버지에게 사랑받고 싶다/사랑받아야 한다
· 어머니, 아버지의 마음에 드는 '착한 아이'여야 한다
· 어머니, 아버지에게 미움받는 것이 두렵다
· 혼나지 않도록 늘 조심해야 한다
· 눈에 띄어서는 안 된다
· 자신의 생각을 말해서는 안 된다

- 완벽하게 해야 한다
- 실패해서는 안 된다
- 칭찬받도록 노력해야 한다
- 뭐든지 참고 양보해야 한다
- 어머니나 아버지가 하라는 대로 해야 한다
- 화내거나 울어서는 안 된다
- 자신은 어머니, 아버지에게 야단맞는 '형편없는 아이'다
- 살아있는 것이 불안하다

　나중에 초등학교, 중학교, 고등학교, 대학교를 거쳐 사회생활을 하고 가정을 꾸릴 때도, 착한 사람은 이 심리 운영 체제를 충실히 지키면서 살아간다. 자전거를 연습해서 탈 수 있게 되면 그 다음은 조건반사적으로 아무것도 의식하지 않고 탈 수 있다. 마찬가지로 한번 이 사고방식이 자리 잡으면 의식하지 않아도 조건반사적으로 튀어나오게 된다. 그래서 평생 착한 사람 심리 운영 체제의 지배를 받으며 사는 것이다. 그렇다면 착한 사람 심리 운영 체제가 그 이후의 인생에 어떻게 영향을 끼치는지 차례로 살펴보도록 하자.

빛나는 착한 아이를 목표로 한다

착한 사람이 초등학교에 들어가면 선생님 마음에 드는 착한

아이가 되려고 한다. 그러기 위해서 인사도 잘하고, 종이 울리면 바로 자리에 앉는다. 수업도 바른 자세로 듣고 공책 정리도 잘한다. 수업 중에는 친구와 떠들지 않고, 쉬는 시간에도 장난을 치지 않는다. 급식을 남기는 법이 없고 청소도 솔선해서 한다. 집에서는 숙제를 빼먹지 않고 한다. 선생님에게는 사랑스럽기만 한 착한 아이인 셈이다.

그리고 반 친구들로부터도 미움받지 않는 착한 아이가 되려고 한다. 공책도 빌려주고, 피구할 때 친구가 가까이 있으면 세게 던지지 않는다. 의견이 다를 때는 친구에게 양보한다. 결코 싸움을 하는 일이 없고 친구에게 못되게 굴지 않는다. 우는 아이가 있으면 달려가서 도와주고 왕따를 당하지 않도록 신경 쓴다. 성실하게 공부해서 성적은 우수하다. 당연히 선생님이 예뻐하고 친구들로부터도 신뢰받는다. 그렇기 때문에 학급 위원 같은 임무를 맡기도 한다.

학교 최하위 계층이 되기 쉽다

이렇게만 보면, 착한 아이가 선생님이나 친구들에게 미움받는 일이 없을 것 같지만, 실상은 그렇지 않을 때가 많다. 인간관계는 그렇게 원하는 대로 흘러가지 않는다. 만화 〈도라에몽〉에 나오는 '자이안' 같은 말썽꾸러기가 보기에, 이렇게 선생님에게 총애를 받는 우등생은 신경에 거슬린다. 행여 착한 아이가 돈이 많거나 여자아이들에게 인기가 있으면 더 그렇다.

착한 아이도 그런 점을 잘 감지하고 있어서 어떻게든 말썽 꾸러기들 무리 안에 들어가려고 한다. 왕따를 당하기보다는 차라리 부하가 되어 심부름을 하는 편이 낫기 때문이다. 그러다 보면 어느새 학교 최하층에 속해있는 경우가 발생한다. 이처럼 초등학교 시절부터 장차 사회나 가정에서의 문제를 초래할 씨앗을 엿볼 수 있다.

실제로 왕따의 대상이 되는 일도 있다. 싫다고 거절하지 않고 시키는 대로 하니, 이는 '어서 나를 괴롭혀 달라'고 말하는 것이나 다름없다. 카운슬링에서 착한 사람의 말을 들어보면, 놀랄 정도로 초등학교 때 왕따 당한 경험이 있는 사람이 많다.

초등학교에서의 응용 프로그램

그렇다면 초등학교에서 업그레이드되는 응용 프로그램에 대해 생각해보자. 착한 사람의 심리 운영 체제에 선생님과 동급생이 추가되면서, 응용 프로그램 역시 몇 가지 항목이 더해진다.

- 선생님에게 칭찬받는 모범생이어야 한다
- 좋은 성적을 받아야 한다
- 친구들에게 잘해야 한다

- 왕따 당하지 않도록 주의해야 한다
- 수업에 성실하게 임해야 한다
- 친구와 장난쳐서는 안 된다
- 친구의 험담을 해서는 안 된다
- 청소를 제대로 해야 한다
- 방과 후 뭔가를 열심히 배워야 한다

착한 사람이 부모에게
반항하기 힘든 심리적 이유

착한 사람은 초등학교 졸업 후 중학교에 입학해도, 여전히 착한 사람 심리 운영 체제와 초등학생 응용 프로그램의 영향을 받는다. 공부도 열심히 하고, 특별 활동도 게을리 하지 않는다. 친구와는 사이좋은 관계를 유지한다. 빛나는 착한 아이의 왕도를 걷는다.

하지만 차차 과부하가 걸리기 시작한다. 초등학교 때는 시간을 투자해 공부하면 어떻게든 부모가 만족할 만한 성적을 받을 수 있었지만, 중고등학교에 진학하면 점점 공부가 어려워지기 때문이다. 그러면 언제부터인가 좋은 성적을 받기 위한 노력을 포기하고 나가떨어지는 착한 아이도 있다. 이런 아이는 부모로부터 '몹쓸 아이'라는 낙인이 찍히고 만다.

부모에게 반항하지 못한다

중고등학교 때는 사춘기가 한창인 시기다. 몸도 점점 커지고 목소리도 달라지며 생각도 어른스러워진다. 지금까지는 일방적으로 따라야 했던 부모와 어깨 높이가 같아진다. 그러면 부모가 하는 말이 실은 이기적이거나 고리타분하다는 생각이 들어, 점점 부모에게 순종하는 것이 귀찮아진다. 이윽고 반항기가 도래한다.

그러나 착한 사람은 반항기 따위는 도저히 상상할 수 없다. 실제로는 중고등학생 정도가 되면, 부모에게 미움을 받아도 어떻게든 살아갈 수 있지만 '부모에게 미움을 받으면 살아갈 수 없다'고 굳게 믿는다.

사실 사춘기 시절의 반항은 지극히 당연한 것이다. 이때 부모에게 반항하는 아이는 설령 부모 자식 간의 관계가 일시적으로 틀어져도 기본적으로는 부모의 사랑을 받고 있다는 자신감이 있어서 안심하고 반항할 수 있다. 이에 반해 착한 사람은 자신이 '착한 아이'여서 부모에게 사랑받는다고 믿고 있기 때문에, 도저히 반항을 할 수가 없다.

그래서 자연스럽게 부모에게 반항하는 친구들과 생각이 어긋난다. 친구들이 몰래 규칙에 어긋나는 물건을 학교에 가지고 와도, 착한 사람은 규칙을 깨는 일을 이해할 수가 없다. 친구들이 SNS로 의사소통을 해도 부모가 허락하지 않으면 엄두도 못낸다. 친구가 같이 하자고 해도 무조건 거절하다 보니, 착한 사람은 점점 외톨이가 된다.

착한 사람의 대학 시절은?

착한 사람이 고등학교를 졸업하고 무사히 대학에 들어간 후에는 어떻게 될까? 대학 시절은 수험생과 취업 준비생의 중간에 끼어 잠시라도 숨을 돌릴 수 있는 시기다. 제대로 공부하지 않으면 낙제하는 서구 사회 대학과는 달리, 적당히 공부해도 어지간히 엉망이 아닌 이상 별탈 없이 졸업장을 받을 수 있다. 그래서 어떤 이들은 공부를 제쳐두고 미팅이나 아르바이트, 여행, 술, 담배 같은 어른들의 도락에 빠지기도 한다.

그러나 착한 사람은 변함없이 착한 사람 심리 운영 체제에 따라 살아간다. 무거운 가방을 등에 메고 학교와 집을 왔다 갔다 하는 비둘기 전령 같은 생활이다. '우수함'을 인정받기 위해 살아가는 것이 아닐까 생각될 정도로, 고등학교 때 수험 공부 못지 않은 생활을 이어나간다.

착한 사람에게 찾아오는 소소한 자유

물론 모든 착한 사람이 그런 대학 생활을 하는 건 아니다. 착한 사람에게도 대학 시절은 움츠렸던 날개를 펼 수 있는 좋은 시절이다. 대학 때는 부모님의 잔소리가 줄어들면서 소소한 자유가 주어지기 때문이다. 그래서 어떤 착한 사람들은 동아리 활동이나 여행 등 청춘을 맘껏 즐긴다.

특히 대학에 입학해서 혼자 생활하기 시작하면, 이런 일탈이 심해지는 경우도 많다. 어머니의 감시가 미치지 않기 때문에 공부에 손을 놓고, 성적은 낙하산을 탄 듯 급강하한다. 그러다 강의 내용을 따라가지 못하게 되면, 대학이 자신의 이상과 다르다고 말하며 강의에 나가지 않게 된다. 자기 방에 틀어박혀 게임이나 만화, 인터넷 서핑으로 시간을 보낸다.

이성과의 교제도 시작된다. 착한 사람은 대학에 들어가기 전까지 이성에게 눈도 안 돌리고, 공부와 특별 활동에만 전념해온 경우가 많다. 그러다 드디어 영화나 드라마에서만 보던 데이트가 현실로 시작된다.

SNS에서조차 노예 생활

착한 사람이 대학 생활을 즐기고 친구와의 교제나 연애를 하게 되면, 스스로 만들어낸 규칙, 즉 심리 운영 프로그램은 기하급수적으로 늘어난다. 심지어 최근에는 SNS용 응용 프로그램까지 따로 필요하다. 예를 들면 이런 식이다.

· 매일 SNS를 해야 한다
· 친구의 SNS를 꼼꼼히 읽고 코멘트를 달아야 한다

- 라인/카카오톡을 읽으면 바로 답장해야 한다
- 페이스북의 사진은 친구들이 한 명도 빠짐없이 찍혔는지 확인해야 한다
- 페이스북 업로드가 자랑이 되어서는 안 된다
- 페이스북 친구들이 업로드를 하면 반드시 '좋아요!'를 눌러야 한다

착한 사람에게 도대체 얼마나 많은 규칙이 더 있는지 상상이 안 간다. 착한 사람 심리 운영 체제에 점점 더 새로운 매뉴얼이 추가되어서 편집된다. 이전에 만들어진 규칙들이 이미 무의식속 깊이 잠재되어, 이렇게 살아야 한다고 조종하는 것은 물론이다.

나만의 규칙이 다양할 수밖에 없는 이유

착한 사람 심리 운영 체제는 대체로 공통점이 많지만, 자신이 처한 환경에 적응해가기 위해, 사람마다 조금씩 다른 규칙을 가지고 있다. 예를 들어 카운슬링을 받으러 오는 시간만 봐도 그렇다. 1분의 오차 없이 정각에 오는 사람이 있는가 하면, 늘 '10분 정도 늦겠습니다'라고 약속 시간 직전에 메시지를 보내는 사람도 있다.

정각에 오는 사람들의 얘기를 들어보니, 그들은 1시간 정도

전에 가까운 역에 도착해서 근처 카페에서 시간을 때운 후, 건물 앞에서 10분 정도 어슬렁거리다가 정각에 들어온다고 한다. 내가 조금 늦어도 괜찮다고 하면 정색을 하면서 "그렇게 하면 선생님께 너무 죄송하잖아요."라며 손사래를 친다. '늦어서는 안 된다'와 '다른 사람에게 폐를 끼치면 안 된다'는 규칙 때문에 스스로를 속박하고 있는 것이다.

반대로 항상 지각하는 사람의 이야기를 들어보니, 외출하려고 하면 문단속을 제대로 했는지 걱정이 되어 몇 번이나 확인하다가 탔어야 할 전철을 놓친다고 했다. 그리고 당황해서 전철 안에서 나에게 메시지를 보낸다는 것이다. 이 역시 '제대로 문단속을 해야 한다'는 규칙에 얽매여있기 때문이다.

착한 사람은 여러 가지에 신경을 쓰면서 살아가지만, 가장 신경 쓰는 부분은 사람마다 다양하다. 그래서 이 사람은 왜 이런 것에 신경을 쓸까 생각해보면, 그 배경에는 반드시 자신만의 규칙이 자리하고 있다.

왜 착한 사람은
이기적인 사람과 결혼할까?

● chapter 08

착한 사람도 이제 취업 전선에 뛰어든다. 성적도 잘 관리하고, 면접도 철저히 대비한다. 면접관의 질문을 예상해서 일부러 봉사 활동을 하기도 한다. 하지만 제일 중요한 어느 업종이나 기업을 선택할지는 좀처럼 결정하지 못한다.

자신이 하고 싶은 일을 선택할 수 있다면 더 바랄 것이 없겠지만, 부모님의 원격 조정 로봇으로 살아온 착한 사람은 무슨 일을 하고 싶은지, 어떤 일이 적성에 맞는지 모르는 경우가 대부분이다. 그래서 자연스럽게 부모가 추천하는 일을 선택한다. 부모님은 대체로 남에게 자랑할 수 있는 일, 안정된 일, 연봉이 많은 일을 추천한다.

착한 사람도 드디어 사회 진출

착해야 한다는 심리에서 벗어나 우아하게 복수한다

드디어 착한 사람도 사회로 진출할 때가 왔다. 이제부터는 오랫동안 정들었던 온실에서 벗어나 세상의 거친 파도와 부딪쳐야 한다. 회사뿐만 아니라, 관공서, 사단법인, 병원 등 다양한 직종과 직장이 있지만, 이 책에서는 일반 기업에서 착한 사람이 어떻게 일하는지를 살펴보겠다.

요즘에는 신입 사원이 입사한 지 3년 이내에 약 3분의 1가량이 그만둔다고 한다. 내가 운영하는 카운슬링 센터에도 많은 신입 사원들이 '회사를 그만두고 싶다'는 고민을 안고 상담을 받으러 온다. 상사의 힘 폭력, 월급에 대한 불만, 긴 노동 시간 등 다양한 이유가 있지만, 그중에서도 하는 일이 자신에게 맞지 않는다는 고민이 가장 많다. 자신의 적성을 고려하지 않고 안이하게 부모가 추천해서 선택했거나 인기 기업 랭킹에서 골랐다면 당연한 결과인지도 모른다. 의사소통을 잘 못하는 사람이 영업을 한다든지, 체력에 자신이 없는 사람이 심야까지 야근을 밥 먹듯이 하는 직장에 들어갔다든지 등의 사례가 그렇다. 그들의 적성을 고려해보면 처음부터 무리한 직장이었던 것이다.

상담 후 충분히 고민을 하고 이직을 하거나 자격증을 따서 독립하는 등 화려한 변신을 꿈꾸는 사람도 눈에 띈다. 하지만 착한 사람은 좀저첨 전직을 결단하지 못한다. 자신의 적성도 잘 모르고, 성격적으로도 결단을 잘 내리지 못하기 때문이다.

물론 바로 회사를 그만두는 것을 부모가 허락할 리도 없다. 그래서 적성에 맞지 않는다는 생각을 하면서도 계속 지금의 직장 생활을 이어간다.

결혼 상대를 선택할 때

시대가 변하면서 사람들의 사는 방식도 많이 변했다. 특히 여성들은 전업주부라는 전형적인 삶에서 벗어나 조금은 다양한 선택지를 가질 수 있게 되었다. 결혼은 이제 필수가 아니 선택이 되었다. 또한 결혼을 하더라도 자식을 낳을지 말지, 일에 중점을 둘지, 가정에 중점을 둘지 등 자신에게 맞는 삶을 선택할 수 있다.

여기에서는 결혼해서 가정을 만드는 경우를 상정해보자. '가정'이라는 것은 겉으로 보기엔 좋아 보여도, 일단 그 안을 들여다보면 어떤 가정이든 여러 가지 문제를 안고 있다. 아무리 싫어도 혼인이나 혈연으로 이어져있으면 쉽게 바꿀 수가 없다. 게다가 가족끼리는 뭐든 거리낌 없이 말하기 때문에, 조심하지 않으면 진흙탕 싸움으로 발전할 수도 있다.

그래서 부부의 성격상 문제가 이혼 문제로 발전하기도 하고 불륜 문제도 끊이질 않는다. 자식을 오냐오냐 키우거나 지나치게 간섭하는 등 자녀교육에 대한 의견충돌도 무시할 수 없다. 또한 고부 간의 갈등도 흔한 일이다.

착해야 한다는 심리에서 벗어나 우아하게 복수한다

가끔씩 자식이 부모를 살해하거나 부모가 자식을 살해했다는 뉴스가 세상을 떠들썩하게 한다. 왜 부모 자식 사이에서 이런 일이 벌어졌는지 대중 매체가 떠들지만, 가족 상담을 하다 보면 이해할 수 있는 면이 분명 있다. 시한폭탄 상태로 어떻게든 버티고 있는 가족이 의외로 많기 때문이다.

온통 이기적인 가족들

착한 사람은 결혼 후에도 좋은 배우자나 부모가 되려고 꾸준히 노력한다. 결혼 상대를 어지간히 잘못 고르지 않았다면, 별탈 없이 가정을 평화롭게 꾸려갈 수 있다. 착한 사람이 착한 사람을 만나 가정을 꾸리면, 서로 참는 지구전 양상을 보일지언정 돌발적인 게릴라전은 별로 일어나지 않는다.

하지만 신기하게도 착한 사람은 결혼 상대로 이기적인 사람을 골라서 고생을 자처하는 일이 많다. 사실 착한 사람의 부모는 정서적으로 불안하거나 엄격하고 이기적인 경우가 많은데, 그런 부모와 비슷한 사람을 무의식적으로 선택하는 것이다. 그런데 착한 사람은 아이를 키울 때 미움받지 않으려고 오냐오냐 키우는 경향이 있다. 그러다 보니 아이도 이기적으로 자란다. 결국 착한 사람은 부모나 배우자, 심지어 자식까지 온통 이기적인 사람에 둘러싸여 옴짝달싹 못한다.

착한 사람, 안타까운 하루의 시작

착한 사람은 부모의 기대에 부응하려고 나이가 들어도 곁눈질 하지 않고 당당히 착한 사람의 왕도를 걷는다. 착한 사람의 하루는 이렇게 시작된다. 아침에 눈을 뜨면 피곤해서 일어나기 싫다. 그리고 '아아, 또 하루가 시작되었다'라며 한숨을 쉬며 마지못해 이부자리에서 일어난다. 위가 더부룩하고 식욕도 없다. 어깨가 결리고 머리가 아프다.

　모든 것을 잊고 휴양지에서 바다를 보며 하루종일 뒹굴거리고 싶다. 하지만 착한 사람이 그것을 용납할 리 없다. 업무에서도 집안일에서도 벗어날 수 없는 짐을 잔뜩 짊어지고 있기 때문이다. 그리고 계속해서 착한 사람으로 있기 위해 업무나 집안일을 시작한다. 착한 사람의 가혹한 하루가 또다시 막을 연 것이다.

착한 사람으로 사느라
모든 기운을 소진한다

착한 사람은 한마디로 다카르 랠리(Dakar rally, '죽음의 랠리'라
불리는 국제 자동차경주대회로 사막, 계곡, 산길, 밀림을 3-20일까지
달리는 경주-역주)와 같은 삶을 살고 있다. 그 인내의 경주에는
여러 가지 장애물이 나타난다. 목적지까지 어떻게든 완주할
수 있으면 좋겠지만, 자칫하면 도중에 엔진이 타 버려서 달리
지 못할 수도 있다. 그러면 착한 사람은 극단적인 선택밖에 하
지 못하기 때문에, 갑자기 '구제 불능인 사람'으로 전락하고 만
다. 그리고 주변 사람이나 사회를 원망하고 세상과 담을 쌓기
시작한다. 지금까지 참아왔던 불만이 하나둘 터지기 시작하기
때문이다. 심해지면 우울증이나 은둔형 외톨이가 될 수도 있
다.

착한 사람을 포기해버린 뒤에는?

그렇다면 착한 사람을 포기한 구제 불능인 사람은 어떤 생각을 하면서 살아가고 있을까? 한마디로 그들은 자신이 착한 사람이 되지 못했다고 비판하며 살아가고 있다. 직장 동료나 친구들이 상대적으로 빛나 보인다. 자신은 인생의 경주에서 비참하게 탈락해버렸기 때문이다. 일하는 것이 힘들다. 주변의 모든 사람들이 자신을 무능하다고 생각하고 있지 않을까 우려한다. 직장 동료들이 이야기하고 있으면 자기 험담을 하고 있지 않을까 불안해진다. 모두 죽었으면 좋겠다고 돌발적으로 생각했다가도, 그런 생각을 한 자신이 두려워진다. 그리고 상사나 동료들로부터 잘못을 지적받을까 봐 쩔쩔맨다. 더 이상 일할 의욕도 없지만, 실수하지 않도록 몇 번이고 확인을 반복한다.

그렇기 때문에 일이 끝나면 녹초가 된다. 휴가를 받아 쉬고 싶어도 업무가 밀릴 것이 두려워 마음을 고쳐먹는다. 컨디션이 안 좋아서 병원에 가고 싶지만 좀처럼 시간을 낼 수가 없다. 그리고 지금 하는 일은 너무 힘드니, 뭔가 자신에게 맞는 일이 없을까 고민한다. 다만 고민으로 그친다. 새로운 일을 찾을 기력도 없고 새로운 일을 할 수 있을 것 같지도 않다.

결혼한 사람은 배우자나 아이들을 진심으로 사랑할 수 없다. 의무로 아이를 기르는 것이 고통스럽다. 배우자와 자식이 있다는 사실이 무겁게 느껴진다. 부모님에게 도움을 받아도, 가족이 자신을 위해 뭔가 해줘도, 감사하는 마음이 생기지 않는다. 그리고 그런 자신이 미워진다.

여행지에서 멋진 풍경을 봐도 아무런 감흥이 없다. 꽃을 봐도 예쁘다는 생각이 안 든다. 음식도 딱히 맛있다는 생각이 안 들고, 그저 있으니 먹을 뿐이다. 아무런 감정이 생기지 않는다. 세상이 우중충한 잿빛의 모노톤으로 보인다.

그러니 무엇을 해도 즐겁지가 않다. 취미 생활도 친구와의 교제도, 즐거워서 하는 것이 아니라 의무로 한다. 그래서 취미도 오래 가지 못하고 친구들과의 교제도 부담스럽다. 아무런 의욕이 안 생기고, 무엇을 해도 안 된다는 생각부터 든다. 엉망으로 어질러진 방을 보면 자기 자신을 보는 것 같아서 슬퍼진다. 하지만 더 이상 방을 청소하기는커녕 목욕할 기운도 없고, 양치질하는 것도 귀찮다.

처세술에 대한 책을 읽으면 내용이 공허하게 느껴진다. 이제는 자신과 인연이 먼 성공담 같이 들린다. 노력해야 한다는 것은 잘 알고 있지만 굳이 그럴 마음도 들지 않는다. 다 타버리고 재만 남은 것 같다. 열심히 살았던 시절의 자신이 자꾸만 떠오르고, 다시 한번 그 당시의 자신으로 돌아갈 수 있다면 좋겠다고 아쉬워한다.

인생에도 리셋 버튼이 있었으면 좋겠다

직장 동료나 친구들이 실패하면 왠지 기쁘다. 〈연예가 중계〉 같은 방송에서 연예인들의 스캔들을 보면 왠지 마음이 놓인다. 빛나는 영광의 자리에서 자신처럼 밑바닥으로 떨어졌기 때문이다.

괴로움으로부터 도망치고 싶어서 술과 쇼핑에 빠지는 경우도 있다. '몸에 안 좋으니 오늘은 캔 맥주 하나만 마셔야지'라고 결심해도 어느새 기억이 없어질 정도로 마신 후에 인생살이를 저주하고 있다. 필요없는 물건까지 마구 사들여서 아직 포장도 뜯지 않은 물건이 산더미처럼 쌓인다. 그리고는 신용카드 빚에 시달린다. 이제 브레이크가 고장 나서 멈출 수가 없다. 아무것도 즐거운 일이 없어서 한순간의 흥분을 찾아 도박에 빠지거나 윤락가에 드나들기도 한다. 그런 잔치 후에 남는 것은 허무함과 빚 뿐이다.

이제는 살아있다는 실감이 없다. '나는 정말로 얄팍한 인간'이라는 생각이 든다. 모든 게 아무래도 상관없고, 다 남의 일처럼 느껴진다. 이런 자신을 두고 결함투성이라는 생각이 떠나질 않는다. 착한 사람이라는 느낌을 주던 거짓의 실체가 드러났기 때문에, 어떤 일에도 자신감이 없고 그런 자신이 싫어진다. 자신의 과거를 모두 지우고 싶어진다. 게임처럼 인생에도 리셋 버튼이 있으면 좋겠다며 괴로워한다.

설령 친구가 있어도 표면적인 만남이지 진심을 말한 적은 없다. 아무도 자신을 이해해줄 것 같지 않다. 아니, 자신의 실체를 알면 틀림없이 미워할 것이다. 그리고 죽을 때까지 혼자서 이 괴로운 마음을 안고 살아가야 한다. 이대로 사라지는 편이 나을지도 모른다는 생각도 든다.

이렇듯 구제 불능인 사람으로까지 전락한 착한 사람의 인생은 너무나도 가혹하다. 너무 과장하는 게 아닌가 하고 생각하는 독자들도 있을지 모르지만, 카운슬링에서 천천히 이야기를 들어보면 실제로 이런 모습을 보이는 사람들이 너무 많다. 그들이 이렇게 극단적인 삶을 살게 된 이유는 착한 사람으로 사느라 스스로의 감정을 억압하다가 과부하에 걸렸고, 그 순간 모든 것을 포기해버렸기 때문이다.

지금까지 착한 사람이 착한 사람이 될 수밖에 없었던 여러 이유를 살펴봤다. 어린 시절의 환경에서 비롯된 착한 사람 심리 운영 체제의 실체를 파악했고, 그것이 얼마나 무의식적으로 우리의 삶을 지배하고 있었는지를 분석했다. 자신이 이런 착한 사람 심리 운영 체제에 강하게 영향받고 있음을 깨달았다면, 이제 조금 더 용기를 내어 2부로 돌아가 착한 사람을 그만두기 위한 방법을 다시 한번 읽어보기를 권한다. 작은 변화들을 통해 새로운 심리 운영 체제를 구축하게 되면, 더 이상 타

인의 시선을 의식해서 스스로를 괴로히는 일이 없어진다. 부
디 지나치게 배려하거나 미움받지 않으려고 참기만 하는 일을
멈추고, 스스로가 행복하기 위한 길을 걷기 바란다.

행복은 마음이 성장했을 때
느껴지는 결과물이다

끝까지 읽어준 독자분들께 감사를 표한다. 무사히 탈고를 하고 나니 마음이 놓인다. 엔지니어에서 카운슬러로 전직한 지 16년째 접어들면서, 그동안 정말 많은 사람들을 만나왔다. 머리말에도 적었지만, 그 모두가 다양한 인생 고민과 마음의 병을 안고 나를 찾아왔다. 개중에는 전쟁 같은 삶을 살아가고 있는 경우도 있었다. 그 분들의 이야기에 계속 귀를 기울이고 있으면, 그저 삶의 깊이에 놀랄 따름이다. 그리고 내가 그때까지 이해해온 삶이라는 것은 바닷가의 모래 한 알에 불과했다는 생각까지 든다. 그런 과정에서 터득한 많은 것을 다른 사람들과도 정리된 형태로 공유하고 싶어서 부족한 글 솜씨나마 책을 내게 되었다.

나는 직업상 '한 번밖에 없는 인생이라면 모두 행복하게 살았으면 좋겠다'라고 늘 염원한다. 어쩌면 그래서 카운슬러가 되었는지도 모른다. 모든 사람은 자신의 행복을 바라고, 행복해지기 위해 살고 있다고 해도 과언이 아니다.

70년대부터 90년대 전반의 고도 성장기에는 물질적인 풍요로움이나 쾌적한 환경이라는 것이 전형적인 행복의 목표였다. 그러나 지금은 많은 사람들이 행복해지는 방법을 찾아 방황하고 있다. 물질적으로 풍요롭고 쾌적한 환경에서 살아도 행복을 느낄 수 없다면, 자기 내면에서 행복을 찾을 수밖에 없다. 문제는 물질이나 환경은 돈으로 살 수 있어도, 자기 내면의 행복은 어떻게 해야 얻을 수 있는지를 모른다는 것이다.

그래서 가는 곳마다 행복지침서나 세미나가 넘쳐난다. 그리고 보통 사람들도 페이스북이나 블로그 등에서 자신의 의견을 내놓고 있다. 하지만 '좋아하는 일만 한다'거나 '자신의 생각을 주장한다', '노력은 배신하지 않는다', '꿈은 실현된다', '싫어하는 마음을 갖지 말라'와 같은 내용 대부분은 고개를 갸우뚱하게 만든다. 또 '착한 사람을 그만두면 편해진다'처럼, 맞는 말이지만 실행에 옮기기 어려운 것도 많다. 그런 내용은 슬로건이지, 본질적인 것이 아니다. 피로한 사람이 자양제를 마시고 잠깐 기분이 좋아져서 건강해진 듯한 기분이 드는 것과 다르지 않다. 오히려 그 책에 쓰인 대로 할 수 없는 자신을 부정하는 결과로 끝나고 만다. 그것은 신기루 같은 것이라서 아무리 시간이 지나도 행복해질 수 없다.

행복이란 천천히 마음이 성장한 결과, 자연스럽게 느껴지는 결과물이다. 이 책에서는 착한 사람에 대한 설명을 씨실로, 네 명의 착한 사람이 행복해지는 과정을 날실로 정리해 엮었다. 네 명이 행복해진 과정이 조금이라도 참고가 되었으면 한다.

이 책을 통해 여러 가지를 생각하게 만들어준 고객들에게 진심으로 감사한다. 또한 이 책을 정리하는 데 도움을 준 여섯 명의 친구와 카운슬러 지인들에게도 감사를 전한다. 사카이 도요미 씨, 삼베이 마리코 씨, 신타니 미쓰요 씨, 다카다 요시히로 씨, 다가야 도모미 씨, 다무라 아야노 씨에게 특히 감사하다. 바쁜 업무 중에 원고를 정독해주는 것이 쉬운 일은 아니었을 테니 말이다. 덕분에 나 혼자만의 생각이 아니라 더 객관적인 내용을 담을 수 있었다.

또 이 책의 기획에 흥미를 가지고 편집자로서 정확한 어드바이스를 해준 주부의 벗사 다가와 데쓰시 씨에게도 진심으로 감사한다.

오가타 도시오

옮긴이 황혜숙

건국대학교 일어교육과를 졸업하고 뉴질랜드 오클랜드 대학 언어학 석사를 취득했다. 현재는 번역 에이전시 엔터스코리아 소속으로, 출판기획 및 일본어 전문 번역가로 활동 중이다. 주요 역서로는 《영어와 세계사 동시에 공부하기》《엄마들은 절대 따라할 수 없는 아빠의 말》《프로가 가르쳐주는 초보를 위한 NLP입문》《처음부터 말 잘하는 사람은 없다》《끝까지 읽지 못한 비즈니스 명저8》《엄마라고 불러줘서 고마워》《사이토 다카시의 2000자를 쓰는 힘》《최강의 명상법》등 다수가 있다.

세상 모든 이기주의자에게 우아하게 복수하는 법

초판 1쇄 발행 2019년 10월 11일

지은이 오가타 도시오
펴낸이 정덕식, 김재현
펴낸곳 (주)센시오

출판등록 2009년 10월 14일 제300-2009-126호.
주소 서울 은평구 진흥로67 (역촌동, 5층)
전화 02-734-0981
팩스 02-333-0081
메일 nagori2@gmail.com

책임편집 김순란
편집 이미순
경영지원 염진희
홍보마케팅 이종문
디자인 Design IF

ISBN 979-11-967271-8-5 03190